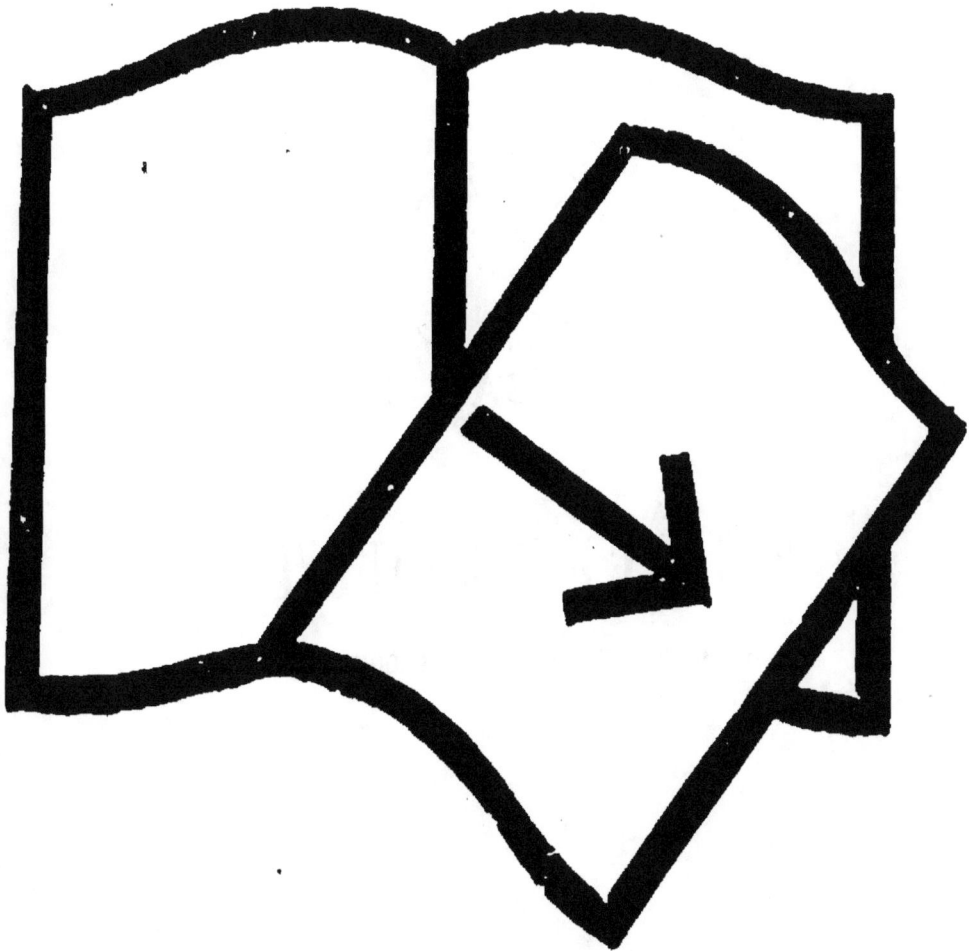

Couvertures supérieure et inférieure
manquantes

# L'ABBAYE

## DE

# FONTEVRAULT

## NOTICE HISTORIQUE ET ARCHÉOLOGIQUE

# L'ABBAYE

## DE

# FONTEVRAULT

## NOTICE HISTORIQUE ET ARCHÉOLOGIQUE

### PAR

## G. MALIFAUD

Capitaine au 80ᵉ de ligne,

MEMBRE DE LA SOCIÉTÉ FRANÇAISE D'ARCHÉOLOGIE

---

**DEUXIÈME ÉDITION**

## TOURS

## IMPRIMERIE DE J. BOUSEREZ

## 1868

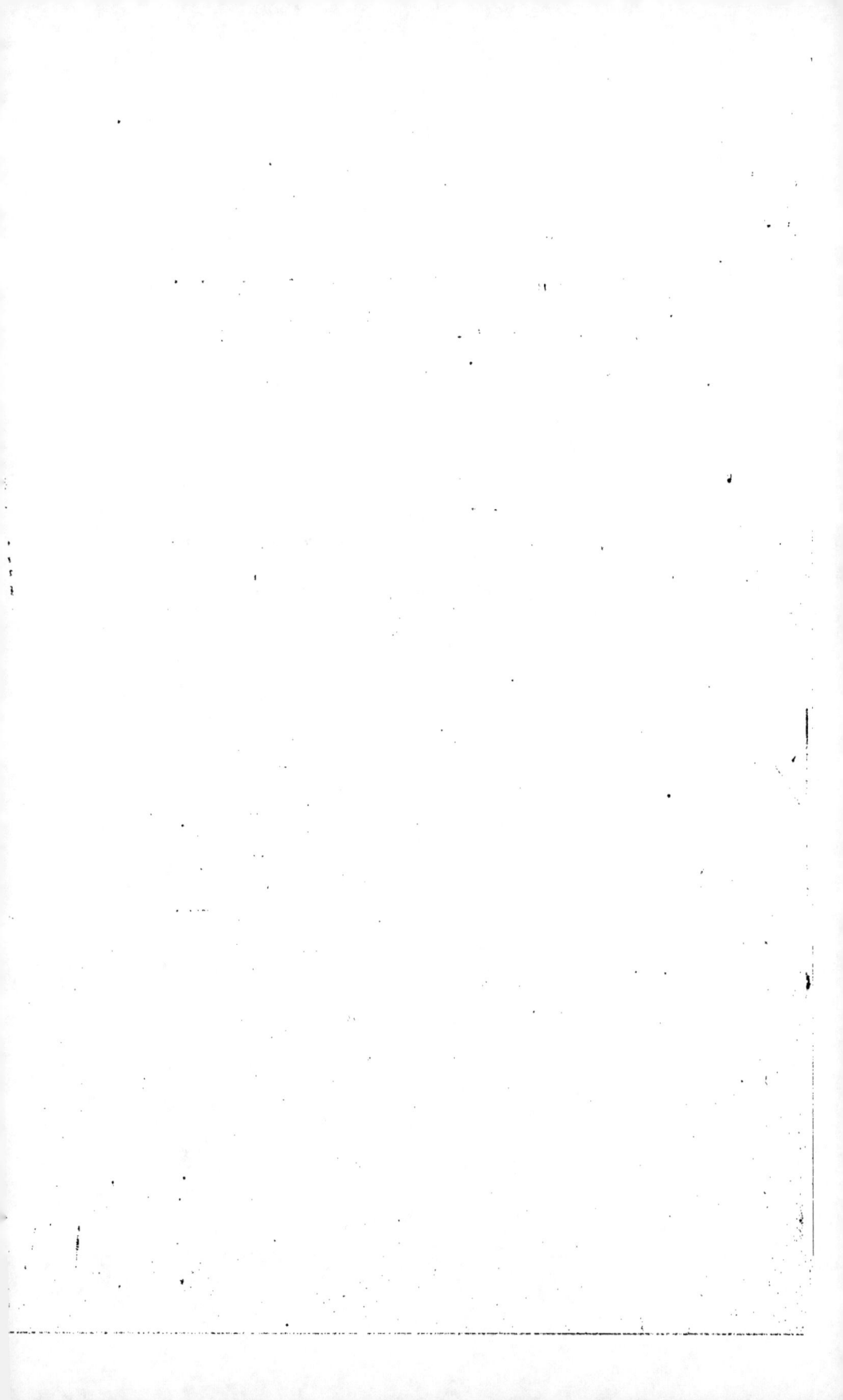

« Il est écrit : Ma maison sera une maison
« de prière et vous en avez fait une caverne
« de voleurs. »

(*Évangile selon S. Luc, ch. XIX, § 4, verset 46.*)

# L'ABBAYE

## DE

# FONTEVRAULT

NOTICE HISTORIQUE ET ARCHÉOLOGIQUE

---

## CHAPITRE PREMIER

**Origines de l'Ordre de Fontevrault. — Robert d'Arbrissel.**

Quand on arrive, par la route de Loudun, sur la colline qui domine Fontevrault, l'œil charmé découvre tout à coup un frais vallon, au milieu duquel s'élèvent de vastes édifices, une grande et magnifique église, des monuments de couleur sombre et de forme bizarre, environnés de massifs de verdure, qui les encadrent sans les cacher : ce sont les restes d'une riche et puissante abbaye, la plus remarquable peut-être, qui ait jamais existé dans le monde chrétien.

C'est dans ce vallon, alors inculte et désert, que pri

naissance, vers la fin du xi° siècle, l'illustre institut monastique de Fontevrault, formé de religieux des deux
sexes, soumis à la juridiction spirituelle et temporelle
d'une femme et qui vécut sept siècles en conservant cette
singulière constitution.

Nous allons essayer d'esquisser son histoire. Si l'on
visite ces monuments que le marteau a respectés, quelques détails sur leur origine, leur usage et les personnages
qui les ont habités, ajouteront sans doute à l'intérêt
qu'inspire toujours la vue de ces œuvres grandioses, élevées par la foi de nos pères et qui semblent défier l'action
du temps.

Le fondateur de cet ordre célèbre fut un prêtre breton,
nommé Robert d'Arbrissel, l'un des prédicateurs ardents
dont la parole entraînait les peuples à la délivrance du
tombeau du Christ. L'influence qu'il exerça sur son siècle
par son admirable éloquence, les conversions innombra-
bles qu'il opéra, font de cet homme, aujourd'hui presque
oublié, une des grandes figures qui caractérisent son
époque. Il naquit (1) vers 1047, à Arbrissel ou Abruissel,
petit village du diocèse de Rennes : son père Damaliochus,
sa mère Orguendis, étaient de simples paysans et sa vie
se serait sans doute écoulée tout entière dans la modeste
condition où le hasard l'avait fait naître, si son intelligence précoce et un vif désir de s'instruire n'avaient
inspiré à ses parents la pensée de le diriger vers le sacer-

(1) Le P. Niquet.

doce. En ces temps de barbarie et d'oppression, c'était en effet la seule carrière ouverte à l'enfant du peuple, la seule du moins où il put trouver la science et la liberté.

Robert fit ses premières études dans un couvent du voisinage, qu'il abandonna quelques années après, pour aller chercher à Paris, les moyens de compléter son instruction. Il s'y fit bientôt remarquer par son vaste savoir et surtout par son éloquence douce et persuasive; mais les rares qualités de cette âme d'élite semblaient devoir rester longtemps encore stériles, quand des circonstances inattendues vinrent leur donner l'occasion de se montrer dans tout leur éclat.

Par une de ces bizarreries que l'on rencontre souvent dans l'histoire du moyen âge, le siége épiscopal de Rennes était occupé depuis peu de temps par un vieux chevalier, Sylvestre de la Guerche, très-recommandable par ses vertus et par la bravoure qu'il avait déployée avant de changer le casque pour la mitre, mais qui, malheureusement, avait trop longtemps fait la guerre pour posséder toutes les qualités nécessaires à un évêque : aussi chaque jour amenait-il de nouvelles complications et le pauvre pasteur, incapable de les résoudre, demeurait fort embarrassé du soin de conduire son troupeau. Dans sa peine, il se souvint de Robert, qui était né son sujet et dont il connaissait le mérite : il l'appela près de lui pour lui confier, avec le titre d'archiprêtre, le gouvernement du diocèse. Pendant quatre années, le vicaire de l'évêque

sut déployer, dans cette difficile mission, toutes les res-
sources du génie organisateur dont la nature l'avait si
largement doué : sous son administration sage et vigou-
reuse, l'ordre et la paix renaissaient partout, quand Sylvestre mourut : Robert restait désormais sans appui. La
haine de ceux qu'il avait justement froissés se déchaîna
contre lui avec une telle fureur, qu'il se vit forcé de chercher son salut dans la fuite : il se retira à Angers et fut
appelé à l'Université de cette ville, où il professa la théologie avec un succès éclatant.

Sa renommée se répandit bientôt au dehors. De toutes
parts, on vint écouter ses leçons; mais aussi modeste que
savant et lassé de l'admiration enthousiaste dont il était
l'objet, il partit un jour sans rien dire de son dessein et,
accompagné d'un vieux prêtre, qui avait consenti à parta-
ger sa solitude, il se cacha dans la forêt de Craon, afin
de s'y livrer à la vie contemplative. Sa retraite ne resta
pas longtemps ignorée : elle fut envahie par une foule
avide de se consacrer à Dieu sous sa direction. Après
avoir résisté quelque temps, vaincu par une influence
secrète, il se résigna à la tâche qui s'imposait à lui, et
se retira avec ses disciples dans l'abbaye de Notre-Dame
de la Roü que Raignaut, seigneur de Craon, venait de
fonder.

Ce fut à peu près vers cette époque, que le pape
Urbain II vint en France pour y prêcher la croisade : le
nom de Robert arriva jusqu'à lui et ce qu'on disait de sa
merveilleuse éloquence lui inspira le désir de le con-

naître. Le nouvel abbé de Notre-Dame de la Roë se
fit entendre pour la première fois devant le pontife romain, le 10 février 1096, à l'occasion de la dédicace de
l'église Saint-Nicolas à Angers, et tel fut l'effet produit
sur son illustre auditeur par le charme irrésistible de sa
parole, qu'Urbain s'écria publiquement que le Saint-Es-
prit lui-même avait parlé par sa bouche. Il venait de
reconnaître en lui un auxiliaire trop précieux pour
ne point songer à l'utiliser, aussi s'empressa-t-il de
lui donner, avec le titre de prédicateur apostolique, la
mission de prêcher la guerre contre les infidèles. Robert
parcourut les diocèses voisins, où le succès couronna
partout ses efforts : pendant que les seigneurs, ven-
dant ou engageant leurs biens, partaient pour la Terre-
Sainte, des chrétiens, qui cherchaient une voie moins
périlleuse pour arriver à leur salut, s'attachèrent en
foule à ses pas. « C'était, dit l'historien de sa vie, un
« camp volant de véritables Israélites, qui ne marchait
« et ne s'arrêtait que sur son ordre (1). » Hommes,
femmes, honnêtes ou de mauvaise vie, de tout âge,
de toute condition, même la plus illustre, brisant
tous les liens sociaux, suivirent l'éloquent apôtre : à
la tête de cette multitude, grossie chaque jour de
nouveaux convertis, il traversait les villes et les cam-
pagnes.

Arrivé sur les confins du Poitou, non loin des bords

_____

(1) *Vita B. Roberti auctore Baldrico.*

de la Loire, dans un vallon inculte et désert (1), arrosé par une source abondante, Robert s'arrêta (1098). Sa troupe, trop nombreuse (2), devenait de jour en jour plus difficile à conduire; il craignait d'ailleurs de voir le désordre et la licence se glisser au milieu de cette foule composée d'éléments si divers, où les bonnes résolutions n'étaient pas encore bien affermies.

Ce fut en cet endroit que, d'après les conseils et avec l'autorisation (3) de Pierre II, évêque de Poitiers, son ami, il se détermina à fonder cet ordre dont la modeste origine ne pouvait guère alors faire présager les illustres destinées. Son premier soin fut de séparer par des fossés profonds les hommes, les femmes honnêtes et les pécheresses converties; des cabanes de feuillage, des loges creusées dans le tuf, sur les flancs du vallon, les abritèrent d'abord et, en même temps entre les deux camps, s'éleva un petit oratoire sur les bords de la fontaine.

Un brigand fameux, dit la légende, y avait autrefois établi sa demeure; il s'appelait Évrault et l'on montre encore parmi les monuments de l'abbaye, la tour qui, suivant la tradition, lui servait de repaire.

Quoi qu'il en soit de l'existence du redoutable person-

---

(1) *Vita B. Roberti auctore Baldrico*, p. 80.

(2) « Plus de 3,000 personnes. »

(3) *Gallia christiana, Ecclesia Pictavensis*, p. 1311. — Chartes de Pierre II, évêque de Poitiers, en 1106, portant confirmation du lieu de Fontevrault et des biens et possessions qu'il pouvait avoir. (*Cartulaire de l'abbaye*, tome I, p. 763.)

nage, qui a laissé son nom au pays, la forêt (1), au milieu de laquélle Robert s'était arrêté, ne jouissait pas d'une bonne renommée, si l'on en croit une vieille chronique de Tours (2) : aussi les seigneurs auxquels elle appartenait ne crurent pouvoir en faire un meilleur usage que de la céder à la pieuse colonie. Une noble dame, Aramburge, donna le vallon (3), les comtes de Montreuil-Bellay, la terre de Born et la forêt de Fontevrault; Gauthier de Montsoreau et quelques autres seigneurs suivirent cet exemple, et tous, nobles et vilains, s'empressèrent de porter des vivres et des vêtements aux serviteurs de Dieu, en attendant qu'ils pussent se suffire à eux-mêmes.

Après avoir pourvu aux premiers besoins de ses disciples, Robert les soumit à une règle sévère. Peut-être faut-il chercher dans un beau sentiment, les motifs qui lui dictèrent les Constitutions de son Ordre : les mœurs barbares de l'époque à laquelle il vivait, avaient fait à la femme une position bien humble dans la société : songea-t-il à la réhabiliter? à préparer son émancipation civile en lui donnant l'émancipation religieuse? fut-il seulement inspiré par sa dévotion pour la Mère du Sauveur? On l'ignore.

(1) Dans les environs de Fontevrault, il existe encore une portion de cette forêt, qui porte le nom de *Tranchecol*, nom qui lui fut donné, dit-on, parce qu'Évrault et ses compagnons coupaient la gorge aux voyageurs qui la traversaient.

(2) *Gallia christiana, Ecclesia Pictavensis*, p. 1313.

(3) Ibid., p. 1311.

En tête de ses Constitutions, il inscrivit ces paroles du Christ expirant à Marie et à Jean son disciple bien-aimé : « Mère, voilà votre fils; fils, voilà votre mère! » et il en fit la base de la règle.

La femme devait être tout dans l'institut monastique de Robert d'Arbrissel (1) : le religieux placé près d'elle, nourri par elle et ne pouvant même disposer des restes de sa table, n'était qu'un serviteur soumis à sa volonté, comme un fils doit l'être à la volonté de sa mère. Singulier renversement des lois de la nature et de la société! De combien de critiques amères, de calomnies (2) même, cette bizarre Constitution ne fut-elle pas le prétexte! Elles empoisonnèrent les derniers jours de Robert et l'on s'en sert encore aujourd'hui pour outrager sa mémoire : mais l'estime dont il fut honoré par les seigneurs les plus illustres de son temps, qui lui conflèrent

---

(1) D'après un savant Bénédictin, Robert n'aurait fait que suivre dans ses Constitutions, un usage fréquent à son époque. Lorsqu'il fonda son ordre, il existait déjà plusieurs abbayes où l'homme était soumis à la femme, entr'autres, les abbayes de Sainte-Croix, à Poitiers, de Sainte-Christine à Trévise, de Saint-Pierre à Lucques. Voyez Don Chamard, *Vies des saints personnages de l'Anjou, vie de Robert d'Arbrissel.*

(2) Voici ce qu'on reprochait à Robert : « Feminarum quasdam, ut « dicitur, nimis familiariter tecum habitare permittis : quibus privata « verba sæpius loqueris et cum ipsis etiam et inter ipsas, noctu fre- « quenter cubare non erubescis. Hinc tibi videris, ut asseris, Domini « Salvatoris digno bajulare crucem, cùm extinguere conaris male ac- « censum carnis ardorem. *Hoc si modo agis, vel aliquandò egisti,* « novum et inauditum sed infructuosum genus martyrii invenisti. » (Lettre de Geoffroy, abbé de Vendôme, à Robert d'Arbrissel.)

l'éducation de leurs enfants, le respect que ne cessèrent de lui porter les religieux de son ordre et les précautions infinies qu'il prit pour séparer les deux sexes, témoignent assez hautement contre d'odieuses allégations qui ne reposent sur aucune preuve sérieuse. La sévérité de la règle s'accorde mal d'ailleurs avec les habitudes que l'on prête au vénérable fondateur.

Les religieuses et religieux devaient observer le silence le plus rigoureux; ils ne pouvaient user que de signes et seulement pour les choses absolument nécessaires (1).

Leurs vêtements devaient être faits des plus viles étoffes du pays et de la couleur naturelle de la laine (2).

Il était expressément ordonné aux religieux de ne point manger de viande, et de ne boire qu'en très-petite quantité le vin « qui fait même apostasier les sages (3). »

Et, comme si Robert eût voulu prévenir la médisance, qui s'attaque aux choses les plus respectables, il défendit aux prêtres de pénétrer dans le lieu réservé aux sœurs, sous quelque prétexte que ce fût : les malades ne pouvaient recevoir les derniers sacrements que dans la chapelle de l'infirmerie.

Quand l'une d'elles était morte, les religieuses l'ensevelissaient, après l'avoir revêtue d'un cilice, et portaient

(1) *Constitutions de Robert*, § I. II.

(2) *Id.*

(3) *Regula ordinis Fontisebraldi*, cap. XLV, p. 177.

son cercueil près de la grille, dans la grande église; le
prêtre en dehors montait à l'autel et disait les prières;
l'office terminé, toutes se retiraient dans leurs cloîtres,
excepté la célérière (1) et l'une des anciennes, qui restaient
pour ouvrir la grille; les frères enlevaient alors le cercueil et l'enterraient dans le cimetière commun, sans
qu'il fût jamais permis aux sœurs d'aller au lieu de la
sépulture (2).

(1) La célérière était chargée de l'entretien et de la distribution de
tous les objets nécessaires au dortoir pour le repos des sœurs, au
réfectoire pour leurs repas et à l'infirmerie pour les soins à donner aux
malades. (*Regula ordinis Fontisebraldi*, cap. xxxi, p. 140.)

(2) *Constitutions de Robert*, § VII.

# CHAPITRE II.

Fondation du Grand-Monastère. — Extension considérable de l'Ordre. — Choix d'une Abbesse, chef spirituel et temporel. — Motifs allégués par le fondateur pour faire tomber ce choix sur une femme plutôt que sur une vierge élevée dans le cloître. — Pétronille de Chemillé, première abbesse de Fontevrault. — Mort de Robert d'Arbrissel.

Quand les premières difficultés d'un établissement aussi considérable furent vaincues, et que Robert eut donné des lois aux 3,000 (1) religieux des deux sexes, qui composaient désormais l'Ordre de Fontevrault, il songea à leur construire des demeures plus favorables à l'observance de la règle, et surtout plus commodes. Les devoirs de son apostolat, qu'il ne cessait point de remplir, ne lui permirent pas de s'occuper lui-même de l'édification des bâtiments : d'ailleurs ces détails répugnaient à son génie ; il en commit le soin à Hersende de Champagne, veuve du seigneur

(1) « Servos et ancillas Dei plùs quàm ad duo vel circiter ad tria « millia congregavit. » (*Vita Beati Roberti, auctore Baldrico*, p. 146.)

de Montsoreau, et à Pétronille de Chemillé, qui fut la première abbesse de l'Ordre.

Bientôt, grâce aux magnifiques présents qu'il recevait des mains les plus illustres (1), de vastes et beaux édifices s'élevèrent là, où, quelques années auparavant, il n'y avait qu'un désert. Quatre couvents furent bâtis, voisins, mais complétement séparés les uns des autres : le Grand-Moutier, où il plaça 300 dames les plus instruites; la Magdelaine, où les pécheresses converties pouvaient expier les dérèglements de leur vie passée; Saint-Lazare ou Saint-Ladre, pour les laïques des deux sexes atteints de la lèpre, cette affreuse maladie si commune au moyen âge; et enfin Saint-Jean-de-l'Habit, réservé aux religieux.

L'activité de Robert et la sagesse avec laquelle il dirigea l'établissement de son œuvre, lui donnèrent en peu de temps une grande extension : le nombre de ses disciples s'accrut si rapidement que, d'après le témoignage de l'abbé Suger (2), ministre de Louis le Jeune, l'abbaye renfermait à son époque près de 5,000 religieuses. Des familles entières, accourant à Fontevrault, y consacraient leurs personnes et leurs biens au service de Dieu; la charité des seigneurs semblait inépuisable, et les donations atteignirent un chiffre si élevé, que quelques années seulement après sa fondation, et du temps même de Robert,

---

(1) Les seigneurs de Loudun, de Montreuil-Bellay et de Montsoreau se chargèrent d'élever à leurs frais les bâtiments du Grand-Moutier. (Dom Chamard, *Vies des saints personnages de l'Anjou*, p. 19.)

(2) Lettre de l'abbé Suger au pape Eugène III. — Le P. Niquet.

l'Ordre possédait quatorze monastères dans l'Anjou, la Touraine, le Poitou, le Périgord et la Saintonge, avec des propriétés considérables (1).

Robert jouissait de son triomphe : sa patience avait lassé l'acharnement de ses persécuteurs ; ses amis (2), que la calomnie avait un instant éloignés, lui étaient revenus pleins d'affection et d'estime, quand, épuisé par les fatigues de son apostolat et les austérités auxquelles il s'était condamné, il tomba gravement malade. Comme il sentait sa fin prochaine, il voulut, avant de mourir, couronner l'œuvre à laquelle il avait consacré ses talents et sa vie, en donnant à son Ordre un chef capable de le gouverner, et ce chef devait être une femme.

L'avenir l'inquiétait, malgré les promesses du présent : il craignait surtout que les religieux ne cherchassent après sa mort à altérer le caractère de la règle pour se soustraire à cette obéissance dont il en avait fait la base, et que sa présence au milieu d'eux leur rendait si facile. Aussi, avant de choisir cette femme à laquelle une pareille puissance allait être confiée, il les fit venir auprès de lui, leur rappela, dans ce langage touchant dont il avait le

sécret, les raisons qui l'avaient dirigé, et leur demanda
s'ils étaient résolus à persévérer dans leurs promesses,
« ce qu'il avait accompli n'ayant eu d'autre but que les
« servantes du Seigneur (1). »

Tous renouvelèrent leur vœu ; mais, quoique leur adhé-
sion donnât à Robert la certitude que sa volonté serait
respectée, il voulut, avant d'exécuter le projet qu'il médi-
tait, le soumettre à une assemblée de dignitaires ecclésiastiques. Les évêques et les abbés des diocèses voisins
se rendirent à Fontevrault sur sa prière : il s'ouvrit à
eux du dessein qu'il avait formé de choisir une femme
pour être le chef spirituel et temporel de l'Ordre, et discuta longuement les motifs qui devaient faire tomber ce
choix sur une religieuse ayant passé une partie de sa vie
au milieu des orages du monde.

« Comment, leur dit-il, une fille élevée dès son en-
« fance dans la solitude et le cloître, qui n'y a appris
« qu'à chanter des psaumes et des hymnes, pourra-t-elle
« bien garder notre temporel ?..... N'ayant jamais appliqué
« son esprit qu'aux choses spirituelles, et n'ayant ni
« l'usage du monde, ni des affaires de la terre, pourra-
« t-elle, dans les occasions, prévoir et dissiper les fourberies
« ordinaires, et rompre les méchants desseins des gens
« de mauvaise foi avec qui il faudra qu'elle traite ? Où
« trouvera-t-elle l'adresse nécessaire pour faire un bon
« choix de ses officiers, et avoir l'œil sur eux sans leur faire

(1) *Vita B. Roberti, auctore F. Andrea, Beati Roberti confes-
sore et socio.*

« paraître de défiance ? Qui lui apprendra à converser
« sagement et ingénieusement avec les grands (1)?..... »

Les raisons alléguées par Robert étaient trop évi-
dentes pour ne pas convaincre ses auditeurs; ils approu-
vèrent sa résolution et l'invitèrent à choisir parmi les
dames celle qui possédait au plus haut degré les qualités
nécessaires au chef d'un Ordre aussi considérable. Pour
donner à cette élection un caractère plus solennel, il
convoqua sept mois après une nouvelle assemblée de
gens sages qu'il voulait consulter sur la personne à laquelle il désirait conférer le titre d'abbesse. C'était
Pétronille de Craon (2), veuve du seigneur de Chemillé,
dont il avait pu apprécier l'intelligence dans les fonctions de prieure, qu'elle avait remplies au moment le
plus difficile de la fondation de l'Ordre. Tous applaudirent
à ce choix, que les religieux des deux sexes accueillirent
avec la joie la plus vive : une seule personne en resta
consternée; ce fut Pétronille, dit-on; mais ni ses larmes
ni ses prières ne purent changer la résolution de Robert.

La satisfaction de voir enfin son Ordre à l'abri des
incertitudes sembla rendre pour quelque temps des
forces au vénérable fondateur. Il se hâta d'en profiter
pour demander au Pape de confirmer l'élection de la
nouvelle abbesse, et, toujours préoccupé du succès de son
œuvre, il reprit, malgré ses souffrances, les pénibles
voyages qu'il faisait autrefois pour visiter les monas-

(1) *Vita B. Roberti, Andrea*, p. 177.
(2) Dom Fleury.

tères et en achever l'organisation. Son corps, usé par l'âge et la maladie, ne put résister longtemps à cette dernière épreuve ; un jour, épuisé par la fièvre, il fut obligé de s'arrêter à Orsan, petit village du Berry, où il avait fondé un couvent.

La maladie fit des progrès rapides ; bientôt tout espoir de le sauver fut perdu ; le nom de Fontevrault revenait souvent sur ses lèvres ; on l'entendait se plaindre de mourir loin d'un lieu qui lui était si cher. Léger, archevêque de Bourges, son ami, était venu l'assister dans ses derniers moments. Pétronille, abbesse, et Angarde, prieure du Grand-Monastère, mandées par un exprès, accoururent à la hâte.

Quelques instants avant de mourir, Robert recommanda ses filles à son ami et lui exprima le désir d'être inhumé à Fontevrault, au milieu de ses religieuses et de ses malades; il ne réclama pour sa dépouille mortelle « que la boue du cimetière (1), » priant que la mort même ne le séparât point de ceux qu'il avait tant aimés pendant sa vie : et, le salut de son œuvre l'inspirant encore à cette heure suprême, il ajouta que si plus tard quelques-uns de ses enfants, oubliant leurs promesses, se laissaient entraîner par l'esprit de révolte, la vue seule de sa tombe suffirait pour les ramener à des sentiments meilleurs.

L'archevêque refusa d'abord de promettre à son ami d'obéir à sa dernière prière : il désirait garder près de lui

_____

(1) *Vita B. Roberti, Andrea.*

cette précieuse relique, et d'ailleurs les habitants d'Orsan, craignant qu'on ne vînt l'enlever, faisaient surveiller toutes les issues du village. Enfin, après bien des supplications, Léger consentit au désir de Robert, qui rendit le dernier soupir le 24 avril 1117, emportant le consolant espoir de reposer bientôt dans ce monastère, berceau de l'Ordre que son génie avait créé : il était âgé de soixante-dix ans.

Ainsi mourut cet homme extraordinaire, à qui des ennemis, jaloux de sa gloire, n'épargnèrent aucune des persécutions qui accueillent trop souvent les novateurs heureux. Il suffit, pour l'admirer, de l'étudier dans ses œuvres; car personne à son époque ne connut mieux que lui les ressorts secrets qui font agir l'âme humaine, et ne sut plus habilement les faire servir à ses desseins. Par l'incroyable puissance de sa parole, il remua des milliers d'hommes, les poussa vers l'Orient, et contribua ainsi à la transformation sociale qui naquit des croisades. Mais, triste destinée de l'homme de génie dont nous avons raconté la vie! son nom était autrefois dans toutes les bouches, il éveille à peine un souvenir parmi nous : ce qu'on sait de son histoire, ce sont ses prétendues faiblesses; les grandes choses qu'il a faites sont oubliées! On peut apprécier la vénération dont Robert était l'objet par les honneurs qui lui furent rendus. Sa mort fut considérée comme un malheur public : de toutes parts les personnages les plus illustres accoururent à ses obsèques : Léger, archevêque de Bourges, Radulphe, évêque d'Angers, des abbés, des prêtres sans nombre, Foulques le Jeune, comte d'Anjou, et une foule considérable de seigneurs se joignirent aux habitants de Fontevrault, qui, la tête et les pieds nus malgré la rigueur de la saison, allèrent au-devant du cercueil déposé dans l'église de Candes, au confluent de la Loire et de la Vienne.

Ce fut au milieu d'un concours immense de populations en deuil que le corps fut transporté au Grand-Monastère : le premier jour, il reposa dans l'église du Grand-Moutier, puis un jour dans chacun des prieurés de la Magdelaine, de Saint-Lazare et de Saint-Jean-de-l'Habit. Il fut ensuite exposé sur le parvis de la grande église. On raconte qu'à ce moment, Robert étant dans sa bière, à découvert, revêtu de ses habits sacerdotaux, un seigneur du pays, nommé Geoffroy de Fulcré, s'approcha du mort et lui fit donation de deux fiefs, dont il l'investit, comme s'il eût été vivant, en lui mettant, suivant la coutume de l'époque, un cierge allumé dans la main (1). Le vénérable fondateur avait manifesté le désir de reposer dans le cimetière commun ; on ne souscrivit point à sa prière. Ses restes furent inhumés, près du grand autel, sous un modeste mausolée. On y voyait sa statue, revêtue d'habits sacerdotaux, avec le bâton pastoral et l'anneau au doigt.

C'était désormais sur Pétronille de Chemillé que reposaient les destinées de l'Ordre : quelque temps avant sa mort, Robert avait abdiqué toute son autorité entre ses mains, et donné à ses religieux l'exemple de

(1) Charte 132 du cartulaire de l'Abbaye, citée par le P. Niquet.

l'obéissance qui leur était imposée. Il avait du reste confié le soin de continuer son œuvre à une femme de tête et de cœur, dont l'activité et la vigilance ne se ralentirent pas un seul instant ; douée d'une admirable beauté, d'une intelligence rare, elle joignait à ces précieux dons de la nature une parole élégante et facile et un caractère d'une énergie peu commune. Il fallait en effet de la résolution et de la sagesse pour gouverner cette grande famille de Fontevrault, dispersée par toute la France, et à laquelle sa prospérité toujours croissante suscitait de redoutables ennemis. Qui le croirait ? le plus acharné de tous fut un évêque : Ulgérius, évêque d'Angers. Sept ou huit ans après la mort de Robert, un différend s'éleva entre l'abbesse et lui, à propos d'une misérable propriété (1) : les conséquences en furent terribles ; 'es gens de l'évêque abattirent les maisons, ruinèrent les biens de ceux qui soutenaient les droits des religieuses, et les choses en vinrent à un tel point que saint Bernard, abbé de Clair-vaux, et le pape Innocent II furent obligés d'intervenir.

Ce ne fut pas la seule persécution que Pétronille eut à souffrir; mais son âme, vigoureusement trempée, ne se laissa point décourager, et, guidée par les enseignements du maître, dont l'esprit était toujours vivant dans le

(1) « Lis orta est propter nescio quam (ut loquitur Bernardus) possessiunculam maledictam, etc... » Note du Père Mabillon, manuscrit de la bibliothèque d'Angers, carton 792.

On pense que l'objet de ce différend était l'hôtel de la Haute-Mule, qui servait à loger les religieux de l'Ordre envoyés à Angers pour étudier à l'Université de cette ville. (Note de l'auteur.)

monastère, elle poursuivit l'achèvement de son œuvre : elle visita les cours des rois et des grands : partout, son adresse, les charmes de sa personne et l'estime qu'inspirait sa vertu lui gagnèrent les cœurs et assurèrent le succès de ses entreprises.

Sous sa forte et prudente administration, l'Ordre parvint au comble de la prospérité : elle mourut le 24 avril 1149, après avoir gouverné 34 ans.

# CHAPITRE III

Fontevrault sous les premières Abbesses — Henri II, Richard Cœur-
de-Lion et Jean Sans-Terre, rois d'Angleterre, à Fontevrault. —
Héroïsme d'une jeune religieuse. — Troubles et querelles dans
l'Ordre. — Bizarre élection de Théopheigne de Chambon. — Déca-
dence. — Marie de Bretagne : la Réformation.

.

Depuis le 24 avril 1149 jusqu'au 2 novembre 1789,
36 abbesses se succédèrent sur le trône monastique de
Pétronille de Chemillé ; ce sont (1) :

2. **Mathilde**, fille de Foulques, roi de Jérusalem et
comte d'Anjou, veuve de Guillaume, fils de Henri Iᵉʳ, roi
d'Angleterre. Elle mourut vers 1154.

3. **Andeburge de Hautebruyère**, mourut le 3 juillet
1180.

4. **Gillette**, mourut en 1190.

5. **Mathilde II de Flandres**, mourut le 23 mars 1194.

(1) Bodin, *Recherches sur l'Anjou.*

6. **Mathilde III**, mourut en 1207.

7. **Marie de Champagne**, duchesse de Bourgogne, mourut le 1er août 1208.

8. **Alix de Bourgogne**, fille de Eudes II, duc de Bourgogne, mourut le 10 octobre 1209.

9. **Alison de Champagne**, fille de Thibault IV, comte de Blois, petite-fille de Louis VII, roi de France, mourut le 29 octobre 1220.

10. **Berthe**, mourut le 25 mai 1228.

11. **Adèle de Bretagne**, mourut le 11 octobre 1244.

12. **Mabille de la Ferté**, mourut le 21 octobre 1265.

13. **Jeanne de Brenne**, fille de Robert III, comte de Dreux, descendant de Louis le Gros, mourut le 2 mai 1276.

14. **Isabeau d'Avoir**, mourut le 2 juin 1284.

15. **Marguerite de Pocey**, mourut le 1er octobre 1304.

16. **Aliénor de Bretagne**, fille de Jean II, duc de Bretagne, et de Béatrix, fille de Henri III, roi d'Angleterre, mourut le 17 mai 1342.

17. **Isabeau de Valois**, arrière-petite-fille de saint Louis, mourut le 11 novembre 1349.

18. **Théopheigne de Chambon**, mourut le 13 août 1353.

19. **Jeanne de Maugey**, mourut le 2 mai 1372.

20. **Alix de Ventadour**, mourut le 11 octobre 1375.

21. **Aliénor de Parthenay**, mourut le 12 janvier 1381.

22. **Blanche d'Harcourt**, cousine germaine de Charles VI, roi de France, mourut le 13 octobre 1431.

23. **Marie d'Harcourt**, mourut le 14 décembre 1451.

24. **Marguerite de Montmorency**, mourut le 13 avril 1452.

25. **Marie de Montmorency**, fille de Mathieu de Montmorency, connétable de France, mourut le 12 février 1457.

26. **Marie de Bretagne**, cousine de Louis XII, roi de France, mourut le 19 octobre 1477.

27. **Anne d'Orléans**, sœur de Louis XII, roi de France, mourut le 19 septembre 1491.

28. **Renée de Bourbon**, fille de Jean II, comte de Vendôme, trisaïeul de Henri IV, roi de France, mourut le 8 novembre 1534.

29. **Louise de Bourbon**, mourut le 21 septembre 1575.

30. **Eléonore de Bourbon**, mourut le 26 mars 1611.

31. **Louise de Bourbon de Lavedan**, mourut le 11 janvier 1637.

**32. Jeanne-Baptiste de Bourbon**, fille de Henri IV, roi de France, mourut le 16 janvier 1670.

**33. Marie-Madelaine-Gabrielle-Adélaïde de Rochechouart de Mortemart de Vivosne**, mourut le 15 août 1704.

**34. Louise-Françoise de Rochechouart de Mortemart**, mourut le 16 février 1742.

**35. Louise-Claire de Montmorin de Saint-Herem**, gouvernante des quatre princesses du sang, filles de Louis XV, qui furent élevées à Fontevrault, mourut en 1752.

**36. Marie-Louise de Thimbrune de Valence**, mourut en 1755.

**37. Julie-Sophie-Gillette de Gondrin de Pardaillan d'Antin**, mourut en 1793.

Les faits et gestes des premières abbesses nous sont peu connus, et l'épitaphe de l'une d'elles peut résumer toute leur histoire : « Elles vécurent pieusement, gouvernèrent paisiblement, et moururent saintement (1); » mais ne négligèrent sans doute pas les intérêts temporels de l'Ordre, dont les richesses devinrent incalculables.

Les rois d'Angleterre surtout se montrèrent ses protecteurs dévoués (2) et lui firent des dons magnifiques (3).

(1) Le P. Niquet.
(2) Lettres de Richard Cœur-de-Lion, chartes 23 et 24, carton 1-50, anciens titres, — archives de l'Abbaye.
(3) Bulle du pape Honoré III.

Ils étaient comtes d'Anjou, aimaient les bords de la Loire, et avaient une prédilection toute particulière pour le monastère de Fontevrault, où plusieurs princesses de leur famille avaient pris le voile; car ils le visitèrent souvent, et voulurent y reposer après leur mort. Les beaux ombrages de l'abbaye semblaient, dit-on, avoir pour Henri II un charme irrésistible: il en faisait le but de fréquentes excursions, et l'on montrait encore, il y a soixante ans, le Pont-aux-Nonnains (1) qu'il avait fait construire sur la Vienne à Chinon, et par lequel il passait pour se rendre à Fontevrault.

On sait quelle fut la triste fin de ce prince: juste, humain, généreux, adoré de ses sujets qu'il nourrissait de son épargne dans les temps difficiles, il mourut victime de l'ingratitude de ses fils, Richard Cœur-de-Lion et Jean Sans-Terre, qui s'étaient ligués avec le roi de France, son mortel ennemi, pour lui ôter sa couronne. Forcé de signer un traité désavantageux, après avoir vu ses États envahis et ses villes prises, Henri II, accablé de douleur, se retira à Chinon, où il tomba malade. Sentant venir la mort, il se fit porter dans l'une des églises du château et expira, après avoir prié l'archevêque de Bourges d'accompagner son corps à l'abbaye fondée par Robert d'Arbrissel.

Deux jours après, le funèbre cortége se dirigeait vers Fontevrault: le monarque infortuné était couché dans sa

(1) Touchard-Lafosse, *La Loire historique*, p. 22.

bière, revêtu de ses habits royaux, la couronne d'or sur
la tête, le sceptre à la main, l'épée au côté, quand parut
tout à coup Richard Cœur-de-Lion, le fils rebelle. Comme
il s'approchait du cercueil, le sang en ruissela de toutes
parts, et le peuple épouvanté « interpréta cette perte de
« sang comme un cry de vengeance contre Richard,
« qui avoit fait mourir son père de douleur (1). »

A la vue de ces restes inanimés, le prince farouche
s'attendrit, les larmes jaillirent de ses yeux et ne cessèrent
de couler pendant toute la cérémonie. Le corps de
Henri II fut déposé sous la clôture des religieuses, dans
un caveau, qui prit le nom de cimetière des Rois. Là, re-
posèrent plus tard, auprès de lui, Richard Cœur-de-Lion,
son fils, et Éléonore de Guienne, sa femme, qui, après sa
mort, prit le voile à Fontevrault ; le cœur de Jean Sans-
Terre fut placé dans une coupe d'or à ses pieds. On voyait
encore leurs tombeaux avant la Révolution ; mais à cette
époque, la fureur populaire, qui ne respectait même pas
le repos des morts, viola leur sépulture et jeta leurs
cendres au vent. Ingratitude née de l'ignorance, car
Henri fut le bienfaiteur de l'Anjou (2). Cette magnifique
levée qui protége le pays contre les débordements d'un
fleuve capricieux fut son ouvrage ; il fit bâtir l'Hôtel-Dieu
d'Angers pour les pauvres malades, et quelques-unes des
institutions utiles dont il dota ses Etats de France sub-
sistent encore. Ce prince mourut pleuré de ses sujets :

(1) Le P. Niquet.
(2) Bodin, *Recherches sur l'Anjou.*

ils n'avaient point oublié qu'en 1176, pendant une affreuse disette, on distribua par son ordre et à ses frais, depuis le mois d'avril jusqu'à la récolte, le blé et le vin nécessaires pour nourrir 10,000 personnes par jour (1).

Les rois d'Angleterre n'étaient pas les seuls protecteurs de l'abbaye : de hauts personnages la visitaient souvent et leurs bienfaits les autorisaient même à pénétrer dans l'intérieur, comme l'indique un fait, exagéré sans doute à dessein par l'écrivain (2) qui nous l'a transmis.

Un prince, dont l'histoire a cru devoir taire le nom, étant entré dans la partie du monastère réservée aux sœurs, remarqua, parmi elles, une jeune fille dont la rare beauté le frappa d'admiration. Oubliant le respect qu'il devait à la sainteté du lieu et celui qu'il se devait à lui-même, il osa charger un de ses gentilshommes d'apprendre à la jeune religieuse l'impression qu'elle avait faite sur lui. Frappée de honte et de douleur, elle demanda à l'indigne messager, ce qui, dans sa figure, avait plus particulièrement séduit le prince : « Ce sont vos « yeux, lui dit-il. — Attendez ma réponse, » s'écria-t-elle et elle s'éloigna. Quelques instants après, la porte se rouvrit et la noble fille reparut, les orbites sanglants, tenant sur un plat ses yeux qu'elle s'était arrachés et qu'elle tendit au misérable : il recula d'horreur et s'enfuit épouvanté.

Pénétré du plus vif repentir pour un malheur dont il

(1) Touchard-Lafosse, *La Loire historique.*
(2) Jean Vallée, religieux de Fontev. *Cantique des Cantiques*, p. 50.

était cause et qu'il ne pouvait réparer, le prince se retira, après avoir enrichi par des dons considérables, ce monastère, où la vertu inspirait de pareils actes d'héroïsme (1).

Les premières années de l'ordre de Fontevrault s'étaient écoulées dans une paix profonde ; ses richesses augmentaient sans cesse et la prospérité du présent semblait présager un long avenir de calme et de bien être, mais les mauvais jours ne tardèrent pas à venir. Une administration sans énergie, des prodigalités aveugles et surtout les exactions des gens de guerre, qui mettaient la France au pillage, firent passer l'Ordre, malgré ses biens immenses, par toutes les épreuves de la plus affreuse misère. Elle devint telle sous Mathilde de Flandres, cinquième abbesse, que le chapitre général, convoqué pour régler des affaires urgentes, ne put être assemblé, « à cause, disait « elle dans sa lettre aux Prieures, de l'excessive cherté « du blé et de l'extrême pauvreté des religieuses de Fon- « tevrault (2). » Les luttes incessantes des Anglais et des Français accrurent à un si haut dégré la détresse dans laquelle le Grand-Monastère était plongé, qu'il se vit réduit à la douloureuse nécessité de faire mendier ses religieux (3) et que les religieuses furent forcées de vivre du travail de leurs mains.

La pauvreté met souvent la désunion dans les familles,

(1) Le P. Niquet, p. 44. — Ce fait donna lieu à la fondation du couvent de Saint-Benoît dans l'Abbaye.

(2) Le P. Niquet.

(3) Mandement de l'Evêque de Chartres, cité par le P. Niquet.

colle de Fontevrault en fit bientôt la cruelle expérience :
« la disette, comme le dit un peu plus tard Pie II, dans sa
« bulle, fut l'une des portes par lesquelles la dissolution
« y entra, » et la paix, dont elle avait joui jusqu'alors,
s'évahouit pour faire place à la discorde. Depuis cette
époque, l'histoire de l'Ordre n'offre, pendant un siècle et
demi, qu'une longue suite de troubles, et chaque élection
nouvelle devient l'occasion de dissensions et de boule-
versements terribles (1).

Ils éclatèrent avec fureur à la mort d'Isabeau de Valois,
dix-septième abbesse. Elle venait d'expirer au milieu des
querelles qui divisaient ses turbulents sujets et les délégués des couvents, réunis pour procéder à l'élection, se
disputaient avec acharnement le droit de lui choisir un
successeur. Après d'interminables discussions sans résul-
tat, ils signèrent le 18 mai 1349, par devant trois notaires
apostoliques, une convention où il fut stipulé que, pour
en finir, on s'en rapporterait à la sagesse de trois religieuses, Blanche de Villaine, Théophcigne de Lisle, Philippe des Pailles et l'on imagina un singulier expédient
pour empêcher ces nobles dames de se livrer trop com-
plaisamment à la dispute : « une petite chandelle de cire
« de la longueur du doigt fut allumée pour marquer par
« sa durée le temps de la délibération (2). » Au moment où
elle jetait ses dernières lueurs, la couronne monastique
de Pétronille fut..... adjugée à Théophcigne de Chambon.

(1) Le P. Niquet, p. 457.
(2) Le P. Niquet.

On ne pouvait faire d'ailleurs un choix plus sage en un pareil moment, car Théopheigne était une femme d'une intelligence et surtout d'une fermeté remarquables. Sous son gouvernement sévère, la paix reparut dans l'Ordre : pendant son règne de quatre ans, peu de religieux osèrent songer à la révolte, mais il fut malheureusement de trop courte durée, pour détruire sans retour cet esprit d'indiscipline qui était devenu une habitude dans les couvents.

Quelques instants avant de mourir, Théopheigne se fit porter dans l'église, ainsi que le permettaient les constitutions de Robert et rendit le dernier soupir au milieu des religieuses assemblées. La crosse tombait à peine de sa main mourante que ce feu, qui couvait sous la cendre, se réveilla dévorant : les luttes recommencèrent et il fallut l'intervention du pape Innocent VI, pour faire reconnaître Jeanne de Maugey, qui lui avait succédé sur le siége abbatial.

Le relâchement de la discipline fut la triste conséquence de ces troubles continuels (1) : le désordre, favorisant la dissipation de revenus énormes (2), avait produit partout la misère : les constitutions de Robert n'étaient plus observées ; malgré la défense expresse (3) du fondateur, les religieux s'étaient immiscés peu à peu dans l'admi-

(1) Le P. Niquet, p. 319.

(2) Gilles, soixante-quatorzième évêque de Nevers fut délégué en 1297 par Boniface VIII, pour régler le nombre des religieuses du Grand-Monastère à l'occasion d'une grande dissipation de revenus, qui était survenue. Le P. Niquet.

(3) *Constitutions de Robert*, § II.

nistration du temporel et avaient fini par l'usurper entièrement : l'autorité de l'abbesse était souvent méconnue,
quelques maisons même lui résistaient ouvertement :
encore un moment et la ruine de l'Ordre était consommée,
si une prompte et sévère réforme n'arrêtait les progrès
du mal.

Marie de Bretagne comprit que là seulement était le
salut : elle exposa cette déplorable situation au pape
Pie II, le suppliant d'y porter remède : il se rendit à sa
prière et délégua (1) Guillaume Chartier, évêque de Paris,
les abbés de Cormeri, d'Airvault et le doyen de l'église de
Notre-Dame de Paris pour faire une enquête et procéder
à la réformation.

Après un examen approfondi, les commissaires du
Saint-Siége reconnurent qu'il n'était pas possible de remettre l'Ordre dans son premier esprit et qu'il fallait modifier les constitutions de Robert pour en atténuer la
sévérité. Ils allèrent jusqu'à autoriser les religieuses à
sortir de leurs couvents avec la seule permission de la
Prieure. Cette première réforme parut tout à fait insuffi-
sante à Marie, qui abandonna Fontevrault et se retira au
monastère de la Magdelaine près d'Orléans, où le vœu de
clôture était observé et où elle se proposait de préparer
une réforme plus sérieuse. Pendant seize ans, elle y tra-
vailla sans relâche, fit recueillir les statuts de l'Ordre, les
ordonnances des abbesses qui l'avaient précédée et les

présenta au pape Sixte IV, en le priant de les examiner et d'en appuyer l'exécution de son autorité apostolique.

Le 28 avril 1474, il délégua les archevêques de Lyon, de Bourges, de Tours et quelques autres dignitaires ecclésiastiques, avec plein pouvoir pour les réviser et y faire les modifications qu'ils jugeraient nécessaires. La nouvelle règle fut promulguée quelque temps après : les religieux des deux sexes furent mis en demeure de l'accepter ou de la refuser ; huit maisons seulement consentirent à la suivre et Marie mourut, sans avoir vu ses efforts couronnés de succès.

Ce fut surtout chez les religieux, que ces tentatives de réforme soulevèrent les réclamations les plus vives. Soit par inexpérience des affaires, soit plutôt par insouciance, les Prieures des couvents leur avaient abandonné presque complétement l'administration du temporel (1); aussi se résignaient-ils avec peine à quitter les positions, qu'ils s'étaient créés, pour redescendre au modeste rôle que les Constitutions de Robert leur avaient assigné. Quand on discuta les articles de la nouvelle règle, ils demandèrent la faveur d'assister, comme ils l'avaient fait jusqu'à ce jour, les abbesses, leurs mères, dans l'administration des biens, suppliant qu'on leur épargnât l'humiliation de voir confier ce soin à des personnes séculières. Leur prière était sans doute désintéressée, mais l'expérience du passé avait ouvert les yeux à l'abbesse et aux délégués du Saint-Siége ;

(1) Le P. Niquet, p. 382 et 386.

jugeant qu'une pareille concession serait dangereuse, ils furent unanimes pour la refuser : cependant, comme en définitive, les religieux étaient directement intéressés au bon état des affaires, il fut décidé, qu'à l'avenir, la reddition des comptes aurait lieu devant le Père Confesseur assisté de deux frères (1).

(1) *Regula Ord. Fontiseb.*, cap. xxxiv, p. 151 et 153.

# CHAPITRE IV.

La Réformation (suite). — Renée, Louise et Jeanne-Baptiste de Bour-
bon. — De la juridiction spirituelle et temporelle des abbesses. —
Démêlés de l'Ordre avec les évêques au sujet de la confession des
Religieuses. — La linotte du pape Jean XXII.

Renée de Bourbon fut plus heureuse que Marie dans
ses essais de réformation, mais au prix de quelles luttes!
Tourmentée par une cruelle maladie, elle oublia ses souffrances pour ne songer qu'à l'œuvre dont l'accomplisse-
ment lui avait été légué. Cependant ses efforts seraient
sans doute restés stériles, si elle n'eût trouvé dans sa
famille des auxiliaires puissants dont le concours ne lui fit
jamais défaut.

Renée aimait les religieuses dont le sort lui était
confié, elle était bonne, mais elle était femme, ambitieuse,
et il manquait à sa royauté le plus beau fleuron de sa
couronne, Fontevrault, car le Grand-Monastère ne voulait
pas de la réformation. La bulle de Sixte IV à la

main, elle invoqua l'autorité du roi, celle du Parlement et fit conduire de gré ou de force en d'autres couvents tous les religieux ou religieuses, qui refusaient d'obéir à la nouvelle règle. Ce ne fut pas sans peine cependant. Le 12 octobre 1505, les religieux qu'elle avait exilés de l'abbaye, y revinrent sans son autorisation, pénétrèrent dans le couvent de l'Habit et en chassèrent les frères réformés. Le roi, averti, envoya aussitôt un conseiller du Parlement de Paris. M. le prince de Condé, frère de Renée, lui prêta ses gentilshommes, pour mettre à la raison les rebelles, qui, obligés de céder, vinrent à la grille du Grand-Moutier supplier l'abbesse de les recevoir à miséricorde. Elle pardonna et, le 26 juillet 1517, maîtresse enfin de ce monastère dont elle avait fait presque un désert, elle y inaugura le décret de réformation.

Ces actes de vigueur achevèrent de briser les résistances et presque toutes les maisons consentirent à adhérer aux nouveaux statuts : aussi quand, après quarante-trois années d'un règne agité, Renée sentit la vie lui échapper, elle dut reposer ses regards avec un légitime orgueil, sur les quatre R, qu'elle avait fait sculpter dans sa modeste cellule aux quatre coins de son écu et qui disaient toute son histoire :

*Renée, Religieuse, Réformée, Réformante.*

Elle légua la crosse abbatiale à Louise de Bourbon, sa nièce, dont le gouvernement fut plus calme malgré les guerres de religion qui désolaient la France.

Le fanatisme, qui faisait alors tant de victimes et qui armait les uns contre les autres jusqu'aux enfants d'une même famille, ne s'arrêta point aux murailles du monastère de Fontevrault : on y vit des femmes, des religieuses, prier le Ciel jour et nuit pour en obtenir la destruction des hérétiques et l'abbesse elle-même ne craignit pas de réveiller, pour les perdre, les instincts sanguinaires de Charles IX, qui, la suite ne le prouva que trop, n'avait guère besoin d'y être excité.

On raconte qu'un jour, ce roi de lugubre mémoire vint à l'abbaye rendre visite à Louise de Bourbon : c'était pour elle une occasion précieuse, elle se jeta aux pieds du monarque, « le suppliant d'exterminer tous les suppôts de « l'hérésie et de commencer par ceux qui lui étaient le « plus proches; elle voulait parler des deux princes, ses « neveux qu'elle voyait auprès du roi et dont la présence « ne put l'intimider (1). »

Une pareille prière, faite de cette manière et en telle compagnie, ne tarda pas à porter ses fruits et faillit causer la ruine du Grand-Monastère, car un des princes qu'elle avait désignés en fut si piqué, que peu de temps après, se trouvant près de l'abbaye, il en permit le pillage à ses soldats, mais fort heureusement elle fut bien défendue, et ils ne purent y pénétrer.

Les troubles, qui sous Marie de Bretagne et Renée avaient agité l'Ordre, reparurent sous Jeanne-Baptiste

---

(1) Lacour, *les Monuments de l'Anjou, Fontevrault.*

de Bourbon et le scandale qu'ils causèrent ne dura pas moins de vingt ans. Les rebelles osèrent composer contre l'Abbesse de grossiers pamphlets, qui, par arrêt du Parlement, furent lacérés devant la grille du couvent des Filles-Dieu, à Paris, et les procureurs des religieux, auteurs des libelles, se virent contraints par ordre du roi de se présenter devant l'abbesse et de faire amende honorable.

Ce fut le dernier effort de ces révoltes, qui, pendant près d'un siècle et demi, jetèrent la désunion dans l'Ordre et en compromirent souvent l'existence. Elles eurent presque toujours pour cause, les tentatives faites par les couvents pour se soustraire à la juridiction des abbesses et les mesures énergiques prises par celle-ci pour maintenir leur autorité.

La puissance spirituelle, qui leur avait été conférée par les Constitutions de Robert et les bulles pontificales, était très-étendue : relevant directement du Saint-Siége de qui elles tenaient leurs droits spirituels, elles ne les exerçaient point elles-mêmes, mais les déléguaient à des vicaires (1), choisis par elles parmi leurs religieux et révocables à leur volonté.

Le seul fait de leur nomination donnait à ces vicaires le droit de *visite,* c'est-à-dire, le droit d'user des censures ecclésiastiques (2), non-seulement contre les personnes

(1) Les vicaires exerçaient ces droits, quand besoin était. « Ordinariâ « ipsius abbatissœ auctoritate. » Bulle de Clément VII. *Reg. O. Fontis-ebraldi,* p. 342.

(2) Jusqu'à l'excommunication, inclusivement.

appartenant à l'Ordre, mais encore contre les séculiers pour les crimes et délits commis dans l'enceinte des prieurés.

Le Saint-Siége était représenté par un *visiteur apostolique,* élu pour trois ans, et choisi par la communauté parmi les religieux instruits, âgés de plus de quarante ans (1) : chaque année, il contrôlait l'administration de l'Abbesse et des Prieures et prononçait, quand il était nécessaire, en vertu de l'autorité qui lui était dévolue. Sa visite ne pouvait, sauf les cas extraordinaires, durer plus de six jours, pour chacun desquels, il lui était alloué un demi écu d'or, payé par la communauté, sans qu'il lui fût permis d'exiger davantage (2).

Nul ne pouvait être admis dans l'Ordre sans la licence de l'Abbesse (3), qui avait aussi le droit de nommer les confesseurs des couvents et de les révoquer.

C'était particulièrement pour remplir les fonctions sacerdotales que Robert avait placé des religieux près des sœurs, aussi exigeait-on de ceux qui se présentaient à la profession des mœurs non suspectes et une instruction très-étendue (4). Compter au nombre des confesseurs était un honneur généralement accordé aux prêtres âgés que leur expérience et leur sagesse en rendaient dignes ; le

(1) *Reg. Ord. Font.*, cap. LXX, p. 245.
(2) *Regula Ordinis Fontisebraldi*, cap. LXX, p. 247.
(3) Manuscrit appartenant à M. Christaud, directeur actuel de la Maison centrale.
(4) *Reg. Or. Font.*, cap. III, p. 287.

choix qu'on en faisait était entouré d'une foule de précautions. Le Père confesseur, prieur de Saint-Jean-de-
l'Habit, qui, depuis la réformation, était le supérieur des
religieux (1), présentait à l'Abbesse un certain nombre
de candidats dont il était responsable vis à vis d'elle,
et parmi lesquels, elle désignait ceux qu'elle voulait
nommer.

Ce droit leur fut, à plusieurs reprises, contesté par les
évêques, dans les diocèses desquels se trouvaient les couvents : une polémique très-vive s'engagea entre eux et les
religieux de l'Ordre, qui regardaient avec raison comme
une de leurs plus belles prérogatives celle de diriger la
conscience de leurs religieuses. De volumineux mémoires (2)
furent rédigés à ce sujet, et il serait aujourd'hui fort
curieux d'examiner les raisons alléguées par les parties
adverses pour conquérir ou conserver ce précieux pri-
vilége.

Les dames de Fontevrault trouvaient déjà fort désa-
gréable d'avouer leurs péchés à leurs frères, si l'on en
croit une anecdote racontée par Rabelais et dont nous lui
laissons toute la responsabilité (3) :

« J'ai ouï compter, dit-il, que le pape Jean XXII, pas-
« sant un jour par Fontevrault, fut requis de l'Abbesse
« et des Mères discrètes, leur concéder un indult, moyen-
« nant lequel se pussent confesser les unes ès aultres,

(1) *Reg. Ord. Font.*, cap. vi, p. 53.
(2) Manuscrits de la bibliothèque d'Angers, carton 792.
(3) Rabelais, t. II, p. 10.

« alléguant que les femmes de religion ont quelques
« petites imperfections secrettes, lesquelles honte insup-
« portable leur est décéler aux hommes confesseurs : plus
« librement, plus familièrement les diroient unes aux
« aultres soubs le sceau de confession. — Il n'y ha rien,
« respondit le pape, que volontiers ne vous octroye ;
« mais j'y voi un inconvénient, c'est que la confession
« doibt être tenue secrette ; vous aultres femmes à peine
« le céleriez. — Très-bien, dirent-elles, et plus que ne
« font les hommes. Au jour propre, le Père sainct leur
« bailla une boite en garde dedans laquelle il avoit
« faict mettre une petite linotte, les priant doucettement
« qu'elles la serrassent en quelque lieu sûr et secret,
« leur promettant en foi de pape, octroyer ce que por-
« toit leur requeste, si elles la gardoient secrette. Ce
« néantmoins leur faisant deffense rigoureuse qu'elles
« n'eussent à l'ouvrir en façon quelconque, soubs
« peine de censure ecclésiastique et d'excommunication
« éternelle. La deffense ne fut sitost faicte, qu'elles gril-
« loient en leurs entendements d'ardeur de voir qu'estoit
« dedans et leur tardoit que le pape fut jà hors pour y
« vaquer. Le Père sainct après avoir donné sa bénédic-
« tion sus elles, se retira en son logis. Il n'étoit encore
« trois pas hors l'abbaye, quand ces bonnes dames,
« toutes à la foulle, accoururent pour ouvrir la boite
« deffendue et voir qu'estoit dedans.

« Au lendemain, le pape les visita en intention (ce
« leur sembloit) de leur despecher l'indult ; mais avant

« d'entrer en propos commanda qu'on lui apportast sa
« boite : elle lui fut apportée, mais l'oiselet n'y estoit
« plus.

« Adoncques leur remontra que chose trop difficile
« leur seroit receler les confessions, vu que n'avoient si
« peu de temps tenue en secret la boite tant recom-
« mandée. »

Si les bonnes religieuses de Fontevrault n'obtinrent
pas du pape le droit de se confesser entr'elles, elles con-
servèrent du moins celui de n'avouer leurs fautes qu'à
leurs religieux. Mais quelque honorable que fût pour
ceux-ci une mission aussi délicate, elle ne suffisait pas à
leur ambition ; à plusieurs reprises ils se joignirent aux
adversaires de l'Ordre pour décliner la juridiction spirituelle des Abbesses, qui fut confirmée cependant par les
papes à chaque contestation, et le 15 décembre 1638, la
cause ayant été portée devant les docteurs de la Sorbonne,
par Madame Jeanne-Baptiste de Bourbon, la sacrée Fa-
culté répondit après mûre délibération « qu'en sa qualité
« de Chef et Générale de l'Ordre, Madame l'abbesse avait
« vraie juridiction spirituelle sur les religieux des deux
« sexes (1). »

Leur juridiction temporelle n'était pas moins étendue.
Comme elles avaient la surintendance des biens, nul ne
pouvait agir ou contracter (2) sans leur permission : elles

_____

(1) Le P. Niquet.
(2) Cartulaire de l'Abbaye, manuscrit de Jean Lardier, R. de F. t. 1
bis, p. 835.

annulaient les contrats passés par les Prieures au préju-
dice de leurs maisons, obligeaient les administrateurs des
couvents à leur rendre compte de leur gestion et punis-
saient les délinquants.

Elles pouvaient nommer (1), suspendre ou révoquer les
Prieures et les autres dignitaires ou officiers de l'Ordre,
défendre aux personnes, qui leur étaient soumises, de com-
paraître devant les vicaires des évêques, soit comme
témoins, soit autrement et avaient le droit d'évoquer toutes
leurs causes au grand conseil.

Des priviléges aussi considérables, une autorité aussi
absolue sur un Ordre, comprenant cinquante-trois monas-
nastères, et comptant par centaines les villes ou villages,
qui lui payaient des redevances, expliquent assez pour-
quoi, depuis Robert, le titre d'Abbesse fut ambitionné
par des femmes de la naissance la plus illustre.

Parmi les trente-sept dames qui gouvernèrent Fontevrault, on ne compte pas moins de quinze princesses de
sang royal et parmi les religieuses plusieurs reines (2) et
une multitude de jeunes filles, appartenant à la plus haute
noblesse de France ou d'Angleterre.

---

(1) Archives de l'Abbaye, charte 26, carton 1-50.
(2) Eléonore de Guienne, reine de France, puis reine d'Angleterre,
Bertrade de Montfort, reine de France, etc., prirent le voile à Fontevrault.

# CHAPITRE V.

Beaux jours de l'Ordre. — La Reine des Abbesses. — La Régence à Fontevrault. — Madame de Pardaillan d'Antin. — Cérémonies de l'intronisation. — Confirmation des priviléges de l'Abbaye. — La nuit du 4 août et le décret du 2 novembre 1789. — Mort de la dernière Abbesse.

Les troubles s'étaient apaisés dans l'Ordre de Fontevrault, avec le calme la prospérité était revenue et jusqu'à la Révolution, il ne connut plus que des jours heureux. Le gouvernement de M^me Gabrielle de Rochechouart de Mortemart, 33ᵉ abbesse, fut l'époque la plus brillante de son existence. Parmi les Dames qui l'avaient précédée sur le siége abbatial, il se rencontra sans doute des femmes d'un grand mérite, mais aucune d'elles ne réunit à un degré aussi éminent, les rares qualités qui constituent le génie. Elle était sœur de M^me de Montespan ; sa beauté égalait son esprit ; elle joignait à une charmante modestie, l'instruction la plus vaste et la plus profonde : la philosophie et les langues étrangères lui étaient familières ; elle

fit en collaboration avec Racine la traduction du Banquet
de Platon (1). Tous ses contemporains ont témoigné la plus
vive admiration pour son mérite, et les lettres de M^me de
Sévigné, écho des bruits de son temps, parlent dans les
termes les plus flatteurs de la distinction de cette femme
aimable (2). Aussi appréciée à la cour brillante de Louis XIV.
que dans son abbaye où elle était adorée, elle laissait
tous ceux qui l'approchaient, éblouis et charmés. Malgré
l'existence mondaine à laquelle les intérêts de son Ordre
et la position de sa sœur la condamnaient, sa réputation
resta toujours sans tache, exemple rare dans une cour
où les désordres du Roi autorisaient bien des faiblesses !
Elle déploya dans le gouvernement de son immense communauté les talents les plus remarquables, et mourut à
Fontevrault, âgée de 59 ans, regrettée de tous ceux qui
l'avaient connue et surtout de son Ordre, qui l'avait sur-
nommée la *Reine des Abbesses.*

On voyait avant la Révolution, dans l'une des salles
de l'Abbaye, son portrait, avec ces vers, expression
exacte de la vérité.

> Cette femme illustre éclata
> Par un profond savoir, rare au temps où nous sommes,
> Et par ses vertus mérita
> L'honneur de commander aux hommes (3).

(1) Il existe à la Bibliothèque d'Angers un très-beau Platon qui a
appartenu à M^me de Rochechouart; son nom y est écrit de sa main.
(2) Lacour, *Monuments de l'Anjou, Fontevrault.*
(3) Bodin, *Recherches sur l'Anjou,* t. II, p. 611.

La prospérité dont il jouissait, eut pour l'Ordre des conséquences, moins apparentes, mais plus graves peut-être que les troubles dont nous avons raconté l'histoire. Les visites de M<sup>me</sup> de Montespan à sa sœur et le séjour de Mesdames de France, qui furent élevées à l'abbaye, apprirent à la Cour le chemin de Fontevrault. Des fêtes mondaines succédèrent aux pieuses méditations sous les ombrages du Grand-Monastère, et altérèrent bientôt la simplicité des premiers temps. On ne saurait lire, sans être touché, la lettre pastorale de la dernière Abbesse, où la mère désolée rappelle ses religieuses à l'observance de la règle et aux sentiments de piété qui doivent animer les servantes du Seigneur (1). Cette Abbesse, avec laquelle finit l'Institut monastique de Robert d'Arbrissel, était M<sup>me</sup> d'Antin, fille du duc d'Épernon; elle succéda, le 5 août 1765, à M<sup>me</sup> de Valence, et sa prise de possession fut l'occasion de cérémonies et de réjouissances, qui eurent, hélas! un triste lendemain. Une religieuse de ce temps nous en a laissé la relation fidèle : on lira, sans doute avec quelque intérêt, ces lignes écrites à la veille de ce jour d'orage, qui emporta toutes les vieilles institutions; le sentiment d'aveugle confiance qu'elles respirent témoigne assez de quelles illusions on se flattait dans le paisible monastère.

« ..... (2) Le son des cloches nous ayant averties d'aller

(1) Lettre pastorale de M<sup>me</sup> d'Antin aux prieures, du 19 juin 1786, manuscrit de la bibliothèque d'Angers, carton 792.

(2) Manuscrit de la sœur de l'Hospital, Religieuse de Fontevrault, bibliothèque d'Angers, carton 792.

« à l'église en habit de chœur, les religieux de Saint-Jean-
« de l'Habit s'y rangèrent par dehors. On leur fit part des
« lettres de Mesdames de France et de celle de Monsei-
« gneur l'évêque d'Orléans, chargé de la feuille des béné-
« fices, qui mandaient à Madame, sa nomination de la part
« du Roi.....

« ..... Aussitôt que les bulles d'institution furent arri-
« vées, on envoya chercher un notaire apostolique du dio-
« cèse de Poitiers pour les porter à l'Official auquel elles
« étaient adressées, quoique nous soyons dépendantes
« immédiatement du Saint-Siége. Mais comme il avait
« mandé qu'il ne viendrait pas les fulminer, on les lui
« envoya par le notaire apostolique, avec un officier de
« l'abbaye auquel on confia la profession de foi de Madame
« l'Abbesse et les dépositions de la Mère Prieure du
« cloître et des anciennes, ainsi que celle du Grand
« Prieur de Saint-Jean-de-l'Habit sur la vie et les mœurs
« de Madame. Elle avait invité le Sénéchal de Saumur
« et un ecclésiastique du diocèce de se trouver à Fonte-
« vrault pour assister à cette cérémonie comme témoins;
« le Grand Prieur fut chargé de tenir la place de l'Official.

« Les personnes, dont nous avons parlé, étant revenues
« de Poitiers, apportèrent la procuration de l'Official, et
« le mercredi 10 juillet, la communauté se rangea au
« chœur. Vers 1 heure 1/2, on ouvrit la grande grille;
« le Grand Prieur à la tête de ses religieux, accompagné
« du notaire apostolique, des deux témoins et des officiers
« de l'abbaye, traversa le chœur et invita Madame l'Ab-

« besse à se rendre au chapitre. Elle se mit à sa place
« de Grande Prieure, les religieuses du chœur dans les
« hauts bancs, nos religieux dans les places qu'ils occu-
« pent en ces occasions. Le Grand Prieur, le notaire et les
« deux témoins se placèrent près du siége abbatial. On lut
« les bulles, on demanda à la communauté et aux reli-
« gieux, s'ils reconnaissaient Madame d'Antin pour leur
« Abbesse : la Prieure du cloître et le Grand Prieur
« ayant répondu pour tous, le Grand Prieur l'intronisa
« dans son siége abbatial; la mère Sacristine traversa le
« chœur portant la crosse de l'abbaye, qui est toujours
« dans le trésor. Aussitôt le Grand Prieur la présenta à
« Madame avec les sceaux.

« Après un *Te Deum,* on mena Madame au chapitre,
« on y lut le bref du Pape et on la fit asseoir sur le siége
« abbatial. De là, on la conduisit au réfectoire, on la fit
« asseoir à sa table et on dressa procès-verbal de sa prise
« de possession. Madame retourna au chapitre suivie des
« religieuses du chœur et y installa comme Grande
« Prieure, Madame de Flamarens. Elle se rendit ensuite
« au logis abbatial, tandis que les autres supérieures et
« le couvent placèrent au chœur la nouvelle Grande
« Prieure dans son siége.

« Les trois jours suivants, la communauté a régalé
« Madame, la Mère Grande Prieure, la Mère Prieure du
« cloître et les religieuses ont été admises tour à tour à
« ces repas. Le premier jour, les pensionnaires vêtues en
« bergères, récitèrent un dialogue en vers composé par

« un de nos religieux sur la joie publique et les belles
« qualités de Madame..... Vers huit heures du soir, il
« parut au bout du jardin de l'abbatial, un feu d'artifice,
« qui réussit assez bien.

« Le 5 août, Madame a tenu le chapitre général de
« l'Ordre; la veille, un de nos religieux soutint une thèse
« de théologie au grand parloir, dédiée à Madame; elle
« y assista accompagnée de la Grande Prieure et de sa
« Chapelaine, toutes trois en habit de chœur (1). Il s'y
« trouva nombreux auditoire et à chaque argument, on y
« fit l'éloge de Madame. Le lendemain matin, les com-
« missaires des couvents présentèrent à Madame les
« lettres qui lui marquaient celui que leur communauté
« avait élu pour Visiteur de l'Abbaye. Elle donna ensuite
« la liste des confesseurs, qu'elle plaçait dans les cou-
« vents, aux religieux qu'elle avait nommés pour ses
« vicaires, dans les quatre provinces de France, de
« Guienne, d'Auvergne et de Bretagne, ce qui leur donne
« droit de Visiteur apostolique pendant les trois années
« de leur vicariat; Madame leur donna les sceaux et les
« pouvoirs scellés.

« Le dernier jour, 6e d'août, les religieux vinrent de
« leur couvent dans notre église, revêtus d'ornements
« sacerdotaux et apportèrent processionnellement le Saint-

(1) Les Dames de Fontevrault étaient entièrement vêtues de blanc,
sauf le voile qui était noir: dans les cérémonies, elles prenaient l'*habit
de chœur*, qui consistait en une longue robe d'étamine noire, passée
sur les autres vêtements.

« Sacrement, firent trois tours dans l'église saluant Ma-
« dame l'Abbesse, deux à deux, chaque fois qu'ils pas-
« sèrent devant la grille, où elle était sur son prie-Dieu,
« la crosse auprès d'elle..... A 2 heures, il y eut encore
« une thèse de théologie soutenue par un autre religieux;
« Madame y reçut des compliments comme à la première.
« Le jour du chapitre, les religieux tirèrent sur les hau-
« teurs des bois un feu d'artifice, qui se pouvait voir de
« tous côtés.

« Les habitants ont aussi donné des marques de leur
« joie par des illuminations..... »

Depuis quelques années, les idées avaient marché;
l'Ordre de Fontevrault subit de vives attaques, mais les
temps étaient bien changés : à la veille de 89, on se
préoccupait beaucoup moins des droits spirituels des
Abbesses que des priviléges exorbitants dont leurs biens
jouissaient. Ce fut pour en obtenir la confirmation que
Madame d'Antin se rendit à Paris, peu de temps après sa
prise de possession, sous le prétexte de se faire bénir. La
nouvelle Abbesse fut bénite par l'évêque de Chartres,
premier aumônier de la Reine, dans l'abbaye royale de
Saint-Cyr, en présence de Mesdames Victoire et Sophie
de France, qui avaient été élevées au Grand-Monastère et
d'une illustre et nombreuse assemblée.

Aussitôt après cette cérémonie, Madame d'Antin com-
mença ses démarches, qui ne durèrent pas moins de deux
ans, quoiqu'elle comptât des protecteurs jusque dans la
famille royale. Elle obtint enfin les lettres patentes si dési-

rées, qui *exemptaient de tous subsides, tailles, gabelles, etc.,* *non-seulement les officiers et fermiers, mais encore les do-* *mestiques de l'abbaye sans en limiter le nombre et la dégre-* *vaient du décime de guerre, impôt auquel le clergé lui-* *même était soumis.*

Heureuse de ce triomphe inespéré, Madame d'Antin s'empressa de revenir à Fontevrault, où elle fut reçue avec les démonstrations de la joie la plus vive.

« ..... (1) Madame passa par Saumur, où on lui rendit « de grands honneurs, l'abbaye ayant un domaine fort « étendu dans cette ville. Nos officiers et une compagnie « de 50 cavaliers, composée des principaux bourgeois, « partirent de grand matin pour lui faire escorte. Madame « l'Abbesse arriva à Fontevrault vers les onze heures, les « gardes de la prévôté de Saumur l'accompagnèrent (et « c'est leur devoir), 12 carabiniers d'un régiment, qui « était en garnison à Saumur s'y joignirent, 6 d'entr'eux « jouèrent de la flûte, de la trompette et du hautbois, « tant que dura la marche. En entrant dans le bourg, le « sénéchal de Saumur, qui l'avait aussi accompagnée, la « harangua. Elle trouva sous les armes, tambour battant, « tous les domestiques en habits et chapeaux bordés d'or, « le drapeau à ses armes, les gardes et le suisse de « l'abbaye. »

Madame d'Antin y fit son entrée dans son carrosse,

(1) Manuscrit de la Sœur de l'Hospital. Bibliothèque d'Angers, carton 792.

accompagnée des religieux, de toutes les troupes et de plus de 2,000 personnes; elle descendit à la porte de l'église, où elle pénétra sous un riche dais tenu par six religieux, précédée de la crosse de l'Abbaye et de la châsse renfermant le morceau de la Vraie Croix, que Richard Cœur-de-Lion, revenant de la Palestine avait donné au Grand-Monastère.

Elle se rendit ensuite dans une salle du couvent des religieuses, qui toutes défilèrent devant elle, conduites par la Grande Prieure et lui baisèrent la main en signe d'hommage.

Le soir, elle donna aux dignitaires des Sœurs un grand dîner pendant lequel celles qui savaient chanter ou jouer des instruments exécutèrent un concert. Le lendemain, la communauté régala son Abbesse et termina les réjouissances par un beau feu d'artifice suivi d'une loterie.

La religieuse, qui nous a légué le souvenir de ces innocentes fêtes et qui semble éprouver un plaisir enfantin à nous en décrire jusqu'aux moindres détails, remercie le Ciel de la prospérité présente. « De si beaux commence-« ments, dit-elle, en terminant, annoncent un avenir glo-« rieux. Je me fais un plaisir et un devoir d'en laisser la « relation pour les siècles futurs. »

Vingt-huit ans après, une vieille femme se mourait de misère, sur un lit de l'Hôtel-Dieu de Paris, c'était Madame Julie-Sophie-Gillette de Gondrin de Pardaillan d'Antin, dernière Abbesse de Fontevrault!

Quand les décrets du 4 août et du 2 novembre 1789

eurent aboli les priviléges et déclaré les biens du clergé, propriétés nationales, des commissaires se présentèrent à l'abbaye, en expulsèrent les habitants et en prirent possession au nom de la loi.

Quels regrets durent attrister l'âme des pauvres religieuses, exilées de cette demeure qu'elles aimaient et où beaucoup d'entr'elles avaient toujours vécu depuis leur enfance! Quelles craintes durent les assaillir, au moment de rentrer dans cette société, dont les séparaient leurs croyances, leurs préjugés et qui se manifestait à elles par un tel acte de rigueur! Heureuses encore celles à qui il restait une famille ; les autres n'eurent pour vivre que la modeste pension allouée par l'État en échange de leurs biens et les secours que leur offraient les personnes touchées de leur misère.

Les jours de la Terreur arrivèrent : les vassaux de l'abbaye, qui avaient mangé le pain des religieuses et courbé si souvent leur front devant elles, accoururent en foule pour se venger d'une oppression qui s'était toujours traduite par des bienfaits, et crurent, en détruisant tout, faire acte de citoyens libres. Les autels furent profanés, les écussons brisés, les statues des Rois mutilées ou traînées dans la boue et les cendres de ces morts illustres jetées au vent.

Quand la fureur populaire fut assouvie, les portes de l'abbaye se refermèrent et longtemps l'herbe crut dans les cloîtres déserts et sur le parvis des nefs silencieuses.

Aujourd'hui de tout cet Ordre immense, il ne reste plus

qu'un petit couvent à Chemillé (1), humble débris de ce
grand naufrage : le monastère de Robert d'Arbrissel est
une Maison de force et de correction !

(1) Ce couvent a deux petites succursales, l'une à Brioude (Haute-
Loire), l'autre à Boulaur (Gers). La dernière religieuse de l'abbaye
de Fontevrault est morte en 1854 à Chemillé. Elle était âgée de 90 ans.
Née le 31 janvier 1764, elle se nommait Elisabeth - Jeanne - Baptiste
Guy-O-Thro, et était fille d'un riche armateur de Noirmoutiers : elle
fit ses vœux le 14 mars 1784. (Godard-Faultrier, *Répertoire archéologique de l'Anjou,* année 1860, p. 223.)

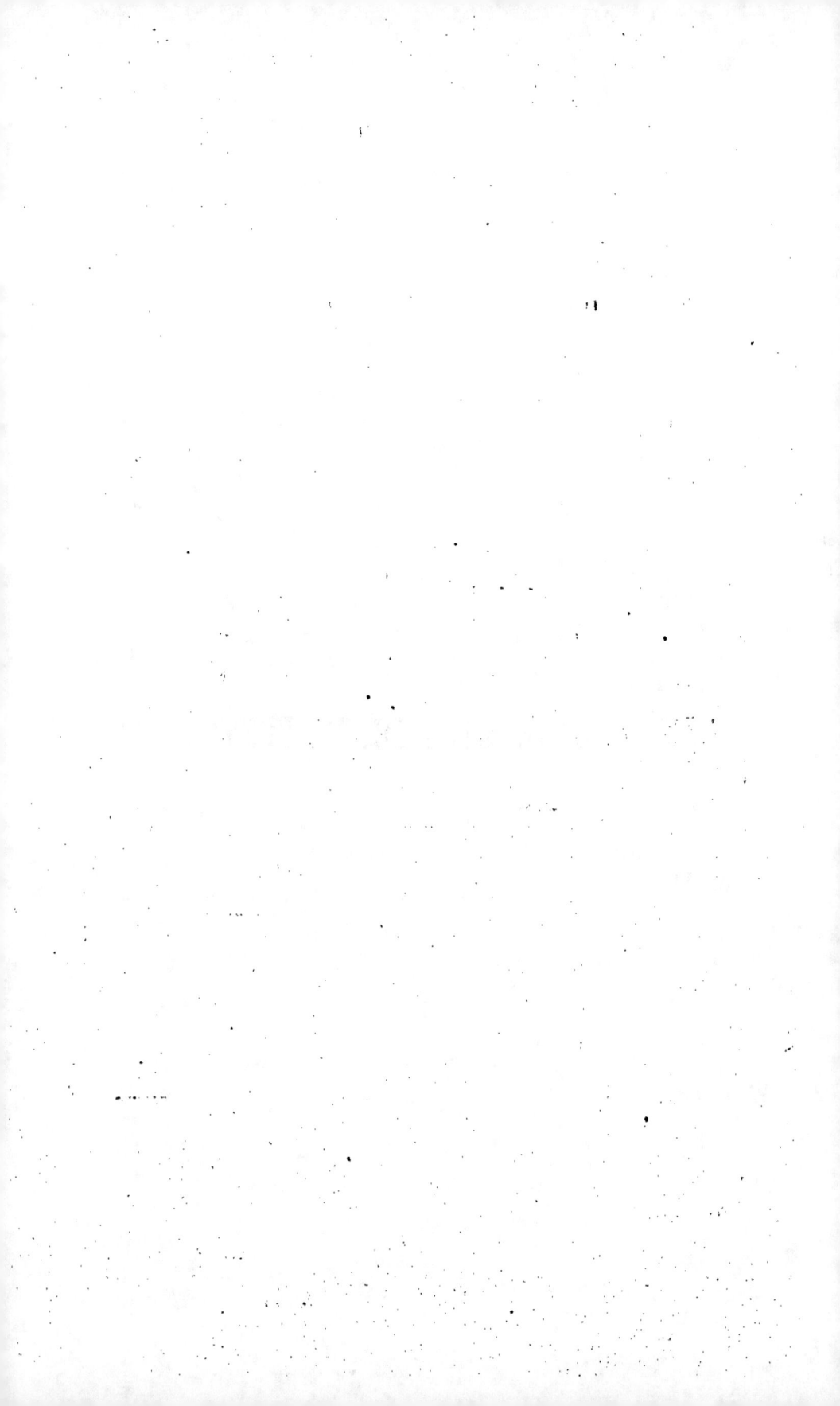

# LES MONUMENTS DE FONTEVRAULT

# CHAPITRE VI

## LES MONUMENTS DE FONTEVRAULT

L'Église du Grand-Moutier. — Le tombeau de Robert d'Arbrissel. — Le cimetière des Rois. — Les Cloîtres. — Le Réfectoire. — La Salle du Chapitre. — La Fontaine Saint-Robert ou Font-Évrault. — La Tour d'Évrault et la chapelle sépulcrale Sainte-Catherine.

### L'Église du Grand-Moutier.

Malgré la destruction d'une grande partie des anciens bâtiments, les modifications apportées à ceux qu'on a conservés et les constructions nécessitées par la nouvelle destination qu'on lui a donnée, l'abbaye de Fontevrault est digne de fixer l'attention des curieux et des archéologues, car tous les genres d'architecture, depuis la fin du xiᵉ siècle jusqu'au xviiiᵉ, s'y trouvent réunis.

Le plus beau reste de l'ancien monastère est l'église du Grand-Moutier, bien que ce remarquable édifice ait subi des transformations, qui ont complétement altéré sa physionomie primitive. commencée en 1101 ou 1102 (1) et achevée vers le milieu du xii° siècle, elle appartient par ses caractères architectoniques à la période romano secondaire, époque à laquelle le style bysantin vint modifier profondément le roman. La seule partie qui ait été respectée, et qui comprend les transepts et l'abside, sert aujourd'hui de chapelle aux détenus : une rangée de colonnes à chapiteaux frustes, supportant des petites arcades byzantines d'une élégante simplicité, règne autour du chœur et forme des bas-côtés sur lesquels s'ouvrent des chapelles rayonnantes. On sait que dans la symbolique des églises, cette disposition, commune au moyen âge, représente la couronne d'épines placée autour de la tête du Christ, dont le corps est figuré par la nef et les bras par les transepts. Dans l'une de ces chapelles, on voyait avant Louise de Bourbon de Lavedan, le tombeau de Pierre II, évêque de Poitiers, ami de Robert d'Arbrissel : leurs cendres furent réunies par ordre de cette Abbesse et placées sous un mausolée qu'elle fit construire en 1623.

L'église du Grand-Moutier présentait autrefois cinq magnifiques coupoles reposant sur d'immenses arcs à plein cintre, dont une seule, celle du chœur, subsiste encore telle qu'elle était au xii° siècle; les autres ont été malheureusement coupées pour y asseoir un plancher.

(1) Chronique de Saint-Florent, citée par Dom Chamard, *Vies des saints Personnages de l'Anjou*, p. 20.

Ces voûtes gigantesques étaient sans doute autrefois ornées de peintures, effacées depuis par un badigeonnage sacrilége. A l'époque où ce monument fut construit, la peinture et la sculpture polychromes étaient fort usitées et les traces que l'on peut constater sur les remarquables chapiteaux de la nef, permettent de supposer que l'intérieur de l'église était, au moins en partie, revêtu de ces fresques si précieuses pour l'histoire de l'art et dont les vestiges épars çà et là font vivement regretter la perte.

Il suffit d'examiner les chapiteaux de la nef et de les comparer à ceux du chœur pour se convaincre que ces deux parties de l'édifice n'ont été construites ni à la même époque, ni par le même architecte : ceux-ci sont frustes ou portent simplement trois feuilles lancéolées, que l'on retrouve dans la tour d'Évrault et dans les parties les plus anciennes du Grand-Monastère; ceux de la nef offrent au contraire tout le luxe d'ornementation, qui caractérisa à un si haut degré les artistes byzantins : feuillages, animaux et personnages fantastiques capricieusement enroulés, bandelettes entrelacées et profondément fouillées, tel est l'aspect gracieux et varié qu'ils présentent.

L'extérieur de l'église est d'une grande simplicité : on remarque seulement sur la façade une archivolte d'une grande délicatesse, appartenant au xii° siècle et deux niches, entourées de trois écussons mutilés. Ces niches sont du commencement de la Renaissance.

### Tombeau de Robert d'Arbrissel.

Madame Louise de Bourbon de Lavedan, 31° abbesse, fit changer l'autel, qui existait depuis 1119 et dont l'architecture était sans élégance : on l'avait respecté jusqu'alors parce qu'il fut consacré, le jour de la dédicace de la grande église, par le pape Calixte II. Elle le remplaça par un autre beaucoup plus beau qui se trouve aujourd'hui dans l'église paroissiale de Fontevrault. Il fut consacré, le 8 octobre 1623, par Philippe Cospéan, évêque de Nantes, qui y enferma les reliques de la sainte Vierge, des saints Jean-Baptiste et Jean l'Évangéliste et de saint Louis, roi de France (1).

Le modeste tombeau du fondateur, que l'on avait été obligé de déplacer pour construire l'autel, fut un peu reculé, pour le faire reposer sous un mausolée revêtu, en divers endroits, de plaques de marbre noir sur lesquelles des traits de l'Écriture sainte étaient gravés en lettres d'or.

« On y voyait la statue du Bienheureux Père en marbre
« blanc avec les habits sacerdotaux et le bâton pastoral,
« gisant sur une tombe en marbre noir, sous la cambrure
« de l'arcade.

« Quand on ouvrit l'ancien tombeau, on trouva des os
« entiers qu'on recueillit dans un coffret de plomb, et l'on

(1) Le P. Niquet.

« y joignit les cendres que l'on trouva dans le tombeau de
« Pierre, évêque de Poitiers, son ami. »

Ce coffret portait l'inscription suivante :

« En cette capse sont les os et cendres du digne corps du
« vénérable Robert d'Arbrissel, instituteur et fondateur de
« l'ordre de Fontevrault, selon qu'on le trouva en son
« tombeau, quand il fut levé et érigé en ce lieu pour faire
« le grand autel par le commandement et bon soing de
« digne Abesse et chef du dit ordre, Madame Loyse de
« Bourbon, le 5 octobre 1622 (1). »

Lorsqu'en 1813, on fit les démolitions nécessitées par la
destination nouvelle donnée à l'église, on trouva ce coffret :
il fut cédé depuis par l'administration de la Maison Centrale au couvent des Fontevristes de Chemillé, après avoir
été ouvert deux fois, en 1847 par M. le curé de Saint-Mau-
rille et le 12 avril 1860 par M. Barbier de Montault, cha-
noine d'honneur de la basilique d'Anagni, directeur du
Musée diocésain, en présence d'une commission nommée
par l'évêque d'Angers. On y trouva :

1° Un suaire en damas de soie jaune paraissant apparte-
nir au XIIIᵉ siècle;

2° Un autre suaire en soie ou vêtement ecclésiastique
fort ancien;

3° Quelques cordelettes ou galons de soie;

4° Une assez grande quantité de cheveux dont quelques-
uns encore adhérents au crâne;

(1) Le P. Niquet, p. 125-127.

5° Un mélange confus de scories noirâtres, de chaux, craie, tuf, etc.;

6° Des ossements noircis ayant appartenu à un seul et même sujet;

7° De petits fragments d'ossements blancs appartenant certainement à un sujet différent (Pierre II, évêque de Poitiers);

8° De la poussière d'ossements.

Quelques parcelles des reliques furent détachées pour le diocèse de Poitiers; on réserva les morceaux d'étoffe pour le Musée diocésain, la capse fut ensuite scellée et remise aux Fontevristes de Chemillé (1).

Lorsque le corps de Robert fut transporté au Grand-Monastère, son cœur fut conservé à Orsan et placé dans l'église du couvent, sous une petite pyramide de pierre, qui fut dégradée pendant les guerres de Religion et avait disparu depuis longtemps quand la Révolution survint; cependant la précieuse relique ne fut pas perdue tout entière, car, en 1648, un religieux de l'Ordre, nommé Jean Lardier, pour obéir à un vœu qu'il avait fait pendant une grave maladie, rapporta à Fontevrault une partie du cœur de Robert. « Il fit faire une petite capse où était « clos une portion de ce saint cœur, laquelle capse est « renfermée dans un grand cœur argenté..... au dos du

(1) Procès-verbal de l'ouverture de la capse de plomb renfermant les ossements de S. Pierre II, évêque de Poitiers et du B. Robert d'Arbrissel. — Barbier de Montault, *Répertoire archéologique de l'Anjou*, p. 207, année 1860.

« quel sont gravés ces mots : *Votum Joann. Lard. Relig.*
« *Fontis Ebraldi, beato Roberto, ob vitam ipsi restitutam*
« *die* 25 *junii* 1648. Au piédestal de ce cœur, aussi
« argenté est ciselé, est renfermé un livre intitulé : *Rober-*
« *tus illustratus,* contenant la règle de Fontevrault et le
« nom de tous les religieux, qui ont été dans l'Ordre, tant
« à Fontevrault que dans les autres couvents. Le 12 avril
« 1649, fut posée la première pierre du monument élevé
« par le susdit Jean Lardier, dans l'église de Saint-Jean-
« de-l'Habit à côté de l'Évangile, orné de deux anges, qui
« sont aux côtés dudit cœur, de marbres, nappes et
« tableaux (1). »

Cette relique se trouve aujourd'hui dans la chapelle
des Fontevristes de Chemillé.

Bodin, auteur d'un remarquable ouvrage sur l'Anjou,
suppose que la statue, dont il a été question plus haut,
est celle qui avait été placée au xiiᵉ siècle sur le tombeau de Robert ; c'est une erreur. Un vieux compte manuscrit ne laisse aucun doute à cet égard. Quand on
construisit le nouveau mausolée, l'ancienne statue fut
remplacée par une autre faite à Paris d'après les ordres
de Mᵐᵉ Louise de Bourbon ; elle coûta 800 livres et
arriva à Fontevrault le 10 juin 1624 (2) : elle a disparu
pendant la Révolution. Les plaques de marbre dont le
tombeau était revêtu se trouvent aujourd'hui au château
de Saint-Médard, commune de Chouzé (Maine-et-Loire) :

(1) Cartulaire de l'Abbaye, t. Iᵉʳ, p. 137.
(2) Cartulaire de l'Abbaye, t. II, p. 288.

elles ont été sciées pour en faire des dessus de cheminée ; les inscriptions qui y sont gravées sont tournées du côté du mur (1).

Le tombeau de Robert d'Arbrissel, dégradé en 93, est situé dans la petite sacristie de la chapelle des détenus : il n'offre rien de remarquable.

## Le Cimetière des Rois.

Presqu'en face, mais dans la nef, aujourd'hui transformée en réfectoire, on voyait autrefois le caveau connu sous le nom de Cimetière des Rois.

(2) En 1504, Renée de Bourbon fit poser la grille, qui devait séparer le chœur de la partie réservée aux religieuses, on transporta les effigies placées sur les tombeaux des princes, un peu plus loin, mais toujours dans la clôture des sœurs. Cette Abbesse changea aussi la disposition des cercueils, car on n'a point trouvé Richard Cœur-de-Lion aux pieds de son père, ni Jeanne d'Angleterre aux pieds d'Éléonore de Guienne, sa mère, lorsqu'on y a fouillé en 1638. Depuis Renée jusqu'à cette époque,

(1) Godard-Faultrier, *Répertoire archéologique de l'Anjou*, année 1861, page 217.

(2) Le P. Niquet.

les effigies étaient placées de la manière suivante : Henri II, Richard, Éléonore de Guienne, Jeanne d'Angleterre, Reine de Sicile, sœur de Richard et mère de Raymond, comte de Toulouse; ces quatre statues étaient couchées les unes à côté des autres. Plus près, vers la grille, on voyait l'effigie d'Isabeau d'Angoulême, femme de Jean-sans-Terre et la statue de Raymond. Elle représentait ce prince, à genoux, se frappant la poitrine, pour marquer le repentir qu'il avait éprouvé de s'être laissé séduire par les erreurs des Albigeois (1).

En 1638, il n'y avait que ces six statues sur les dalles, qui recouvraient le caveau. Outre les corps des personnages que nous avons nommés, il renfermait ceux d'Ala et de Mathilde, duchesses de Bourbon, de Mathilde, duchesse de Nevers, de Sybille, fille d'un empereur de Constantinople, de Marguerite, fille et d'Agathe, nièce de Thibault, comte de Champagne. Le cœur de Béatrix, fille de Richard Cœur-de-Lion, ceux de Jean-sans-Terre et de Henri III, roi d'Angleterre, y étaient déposés. En 1638, sous Madame Jeanne-Baptiste de Bourbon, il fallut encore remuer ces monuments pour faire la fondation de deux arcades, dont l'une devait couvrir le tombeau des rois et la disposition des effigies fut encore changée.

Au-dessous de la statue de Henri II, on lisait cette épitaphe :

(1) Le P. Niquet.

*Rex Henricus eram, mihi plurima regna subegi.*

*Multiplicique modo, duxque, comesque fui.*

*Cui satis ad votum non essent omnia terræ*

*Climata, terræ modò sufficit octo pedum.*

*Qui legis hæc, pensa discrimina mortis et in me*

*Humanæ speculum conditionis habe.*

*Sufficit huic tumulus cui non suffecerat orbis.*

« J'étais le roi Henri, j'ai soumis plusieurs royaumes
« et par divers moyens j'ai été duc et comte. Huit pieds
« de terre suffisent à celui dont l'ambition n'eût pas été
« rassasiée par tous les pays du monde. Vous, qui lisez
« ces mots, voyez en moi un utile exemple des arrêts de
« la mort et des vicissitudes de la condition humaine, un
« tombeau suffit à celui qui trouvait l'univers trop
« borné (1). »

Richard Cœur-de-Lion, son fils, mourut au siége de
Chalus. Le bruit s'étant répandu qu'un seigneur poitevin
avait trouvé un trésor composé de douze statues en or
massif, représentant un empereur romain à table avec
sa famille, Richard, auquel ce seigneur en avait offert une
partie, exigea que tout lui fût remis. Le gentilhomme se
retira dans le château de Chalus, où Vicmar, comte
de Limoges, lui donna asile : sommé de livrer son hôte,
Vicmar refusa, et Richard, furieux de cette résistance,

(1) La plaque de marbre qui portait cette inscription se trouve
actuellement au château de Saint-Médard ; elle y forme un dessus de
cheminée.

vint mettre le siége devant la forteresse, jurant de faire pendre tous ses défenseurs. Sachant le sort qui leur était réservé, ils combattirent en désespérés et le roi d'Angleterre, s'étant un jour approché imprudemment des murailles, fut atteint au bras par une flèche empoisonnée. Il était près de mourir, quand la place se rendit ; Bertrand de Gourdon, qui l'avait blessé, lui fut amené : il lui pardonna, lui fit remettre une somme d'argent, mais à peine eut-il rendu le dernier soupir que le malheureux gentilhomme fut écorché vif et pendu (1).

Richard mourut le 6 avril 1199, après dix ans de règne ; son corps fut, suivant son désir, transporté à Fontevrault. Au-dessous de sa statue, on lisait ces vers :

*Pictavus exta ducis sepelit, tellus que Chalutis*
*Corpus dat claudi sub marmore Fontis-Ebraldi,*
*Neustria, tuque tegis cor inexpugnabile regis :*
*Sic loca per trina se sparsit tanta ruina,*
*Nec fuit hoc funus cui sufficeret locus unus.*

« Le Poitou et la terre de Chalus renferment les entrailles du duc, Fontevrault possède son corps déposé sous le marbre, et toi, Neustrie, tu conserves le cœur invincible de ce roi. Ainsi trois pays différents se partagent une si grande ruine, un seul ne pouvait suffire à sa sépulture. »

Le tombeau de Richard était orné de trois lions. Il fut

(1) Touchard-Lafosse, *La Loire historique*, p. 23.

le premier des souverains anglais qui prit des armoiries.

Sa mère était Aliénor ou Éléonore de Guienne. Répudiée par Louis VII, roi de France, elle épousa Henri II, roi d'Angleterre, qui la rendit fort malheureuse, et lui fit expier par seize ans de prison, le tort, bien pardonnable chez une femme, de ne point vouloir supporter les infidélités de son mari. Après la mort de Henri II, elle vint, sous Mathilde de Flandres, 5ᵉ abbesse, prendre le voile au Grand-Monastère, où elle mourut le 31 mars 1204. Elle y fut inhumée à côté de son mari.

Auprès d'elle reposait Isabeau d'Angoulême, femme de Jean-sans-Terre, qui l'avait enlevée, le jour même de ses noces, à son fiancé, Hugues de Lusignan, comte de la Marche. Il avait répudié, pour l'épouser, Avicie de Glocester, mais il dut souvent se repentir de sa faute, car Isabeau, légère, vindicative et méchante, fit le tourment de sa vie. Aussitôt qu'elle fut veuve, elle se hâta de donner sa main à son ancien fiancé, qui n'avait jamais cessé de l'aimer. Elle mourut quelque temps après et son fils Henri III la fit inhumer à Fontevrault (1).

Des six statues, qui existaient au temps de Jeanne-Baptiste de Bourbon, quatre furent épargnées pendant la Révolution : longtemps elles restèrent oubliées dans la poussière, au milieu des tombeaux détruits. En 1817, le prince-régent d'Angleterre les demanda au gouvernement

(1) Touchard-Lafosse, *La Loire historique.*

français : M. de Wismes (1), qui était alors préfet de Maine-
et-Loire, insista au nom du département pour que ces
statues fussent considérées comme un monument national
et proposa de les placer dans la tour d'Évrault. Le ministre ne crut pas devoir donner suite à ce projet, mais
les effigies furent laissées à l'abbaye. Un peu avant 1848,
on les transporta par ordre du roi Louis-Philippe, à Versailles, puis au musée du Louvre, où elles furent repeintes
et restaurées : elles allaient prendre le chemin de Versailles
et peut-être celui d'Angleterre, quand le 24 février survint :
le département de Maine-et-Loire les réclama et elles lui
furent rendues (2).

Aujourd'hui, elles reposent dans une petite chapelle
sombre pratiquée au fond du transept de droite; on y voit
aussi une plaque de marbre noire, qui se trouvait sur le
tombeau de M^me Jeanne-Baptiste de Bourbon.

Ces quatre statues, curieux spécimen de l'art au
XIII^e siècle, ont la couronne sur la tête, elles sont couchées
et de grandeur colossale, excepté celle d'Éléonore de
Guienne, qui est de grandeur naturelle.

Henri II, le sceptre à la main, est vêtu d'une tunique
rouge, avec manteau bleu. La tunique d'Éléonore de
Guienne est gris-perle, lozangée d'or, son manteau est
bleu.

(1) Lettre manuscrite de ce fonctionnaire. Bibliothèque d'Angers,
carton 792.

(2) Congrès archéologique tenu à Saumur en 1862.

Richard Cœur-de-Lion est vêtu d'une tunique rouge, avec manteau bleu.

Isabeau d'Angleterre a une tunique bleue, avec draperie jaune doublée de vert; elle tient un livre ouvert à la main.

Trois de ces statues sont en tuf, la quatrième, celle d'Éléonore, est en bois.

---

## Les Cloîtres. — Le Réfectoire. — La Salle du Chapitre.

Chacun des couvents de l'Abbaye possédait autrefois un cloître distinct : de ceux qui existent encore, un seul, celui du Grand-Moutier, est vraiment digne de fixer l'attention des visiteurs. S', construction remontait au temps où les premiers bâtiments furent élevés, mais sous Renée et Louise de Bourbon de Lavedan, son état de délabrement était tel, que ces deux abbesses le firent entièrement rebâtir : aussi présente-t-il le mélange de plusieurs genres d'architecture dont l'ensemble ne manque pas de grâce.

Le côté qui longe le réfectoire des religieuses est dû, comme ce bâtiment, à Mᵐᵉ Renée de Bourbon, les trois autres sont l'œuvre d'un architecte nommé La Barre,

avec lequel M<sup>me</sup> Louise de Bourbon (1) traita pour les
réparations à effectuer dans le Grand-Monastère. Quoique
exécutées à des époques très-rapprochées, ces restaurations présentent des différences notables, ce qui tient sans
doute à ce que les architectes se sont attachés à repro-
duire les caractères distinctifs du morceau dont la répa-
ration leur était confiée. C'est ainsi que dans les trois
côtés dus à M<sup>me</sup> Louise, les voûtes sont à ogive sur-
baissée, transition du roman au genre ogival, du plein-
cintre à l'arc en tiers-point à peine sensible ici ; tandis
que celui de M<sup>me</sup> Renée offre toute l'élégance, la légèreté
et la hardiesse du style ogival. Les voûtes sont ornées
d'arceaux ou nervures, construits en ligne diagonale, se
réunissant en un fleuron, qui forme clef de voûte.

Les galeries du cloître donnent sur la cour par de
larges ouvertures à plein-cintre. séparées à l'extérieur
par des colonnes géminées d'ordre ionique, appartenant
selon toute apparence au siècle de Louis XIV et qui pro-
duisent un assez bel effet. Ces colonnes sont remplacées
du côté du réfertoire par des contreforts près de l'un
desquels, on voit une sculpture, qui paraît ancienne et
représente le monogramme du Christ, figuré par deux
poissons, emblème des chrétiens, régénérés par l'eau du
baptême.

En divers endroits du cloître et particulièrement du
côté de la salle capitulaire, on remarque des sculptures

(1) Manuscrit de la Bibliothèque impériale.

récemment restaurées (1), représentant les attributs de la Passion ; elles appartiennent à la Renaissance.

Le réfectoire des religieuses, dans lequel la tour d'Evrault est enclavée, mérite d'être visité, quoiqu'il ait été coupé par un plancher dans toute sa longueur : à l'une des extrémités, on voit les restes de la stalle dans laquelle se plaçait l'Abbesse, quand elle assistait aux repas ; elle y avait sa table particulière. Les voûtes du réfectoire sont ogivales à nervures, comme celles du cloître.

La salle du chapitre est due, comme les bâtiments qui en dépendent, à Mme Louise de Bourbon de Lavedan. Elle appartient au genre ogival : les murs sont ornés de peintures en très-mauvais état, représentant des sujets tirés de la Passion, avec les portraits de plusieurs Abbesses. Elle s'ouvre sur le cloître par un portail chargé de sculptures de mauvais goût, qui, avec les fenêtres à plein-cintre reposant sur des colonnes d'ordre ionique, altère complètement le caractère de la salle ; deux piliers, s'arrondissant en voûte ogivale, s'élançaient du sol ; la partie inférieure en a été brisée et remplacée par deux colonnes à chapiteau corinthien d'un effet déplorable.

La salle capitulaire donne sur une petite cour, qui était autrefois le cimetière de sœurs, comme le prouvent les inscriptions tumulaires que l'on y remarque. Les religieux des deux sexes eurent d'abord, ainsi que le

(1) Les restaurations exécutées dans l'abbaye sont dues en grande partie à l'initiative de M. Christaud, directeur actuel de la Maison centrale.

prescrivaient les Constitutions de Robert, une sépulture
commune, près du couvent de la Magdelaine, mais plus
tard, l'usage d'inhumer les sœurs dans l'intérieur de leur
clôture s'introduisit à Fontevrault et fut consacré par le
décret de réformation (1).

---

### La Fontaine Saint-Robert ou Font-Evrault.

La fontaine, dont il a déjà été question au commencement de la notice, jaillit, dit la légende, à la voix de
l'apôtre pour désaltérer ses disciples; la vérité est qu'elle
existait depuis les temps les plus reculés et que l'abondance et la limpidité de ses eaux déterminèrent Robert
à s'arrêter dans le vallon où elle coule. Après la mort de
ce saint personnage, on lui donna son nom (2) qu'elle a
conservé depuis.

L'entrée de cette fontaine se trouve auprès de l'ancien
couvent de la Magdelaine; elle est protégée par une tour
de forme circulaire, au fond de laquelle on descend par
quelques marches. L'eau arrive, fraîche et pure, dans les
réservoirs, par un canal souterrain de deux pieds de largeur environ, recouvert d'une voûte à plein-cintre, assez

---

(1) *Regula Ord. Fontiseb.*, cap. XLII, p. 172 et cap. LXXIV, p. 268.
(2) Charte de 1462, cartul. de l'Abbaye, t. Ier, p. 136.

élevée pour qu'un homme puisse facilement s'y tenir debout sur les deux petits trottoirs, qui règnent de chaque côté. Au bout de quelques mètres, le canal se partage en deux branches ; celle de gauche finit presque immédiatement à l'une des sources ; l'autre, beaucoup plus considérable, se prolonge sous les jardins. Nous avons eu la curiosité d'y pénétrer ; au bout de trente mètres, les trottoirs cessent et l'on est obligé de marcher dans l'eau dont la profondeur moyenne est de 40 centimètres. Le canal, après avoir décrit plusieurs sinuosités, se termine à une assez grande distance de son ouverture.

La fontaine Saint-Robert fournit l'eau en si grande abondance, qu'elle suffit aux besoins de plus de 2,000 personnes et qu'elle alimente en outre la buanderie et la machine à vapeur de la forge, près de laquelle elle est située.

## La Tour d'Evrault et la Chapelle sépulcrale Sainte-Catherine.

La Tour d'Evrault est, sans contredit, le monument le plus intéressant de l'Abbaye, non-seulement par la bizarrerie de sa forme et le rôle que lui ont assigné les traditions populaires, mais encore par l'incertitude, qui plane toujours sur le véritable usage pour lequel il a été construit.

Il se trouve à droite, dans la deuxième cour ; sa hauteur est de 72 pieds, sa largeur de 33. C'est une tour octogone, surmontée d'un toit en pierre de même forme, dont les angles correspondent au milieu des faces de la tour : sur ce toit s'élève une flèche conique octogone, bâtie en pierres taillées à facettes, couronnée par une lanterne composée de huit petites colonnes. Au milieu de chaque face, se trouve une espèce d'abside ou de chapelle semi-circulaire, percée de trois fenêtres à plein-cintre, aujourd'hui murées. A l'extérieur, le toit s'appuie sur huit colonnes, dont le chapiteau, formé de trois feuilles lancéolées, grossièrement sculptées, se retrouve dans les parties les plus anciennes du monastère.

L'intérieur de la pyramide est conique comme l'extérieur et reçoit le jour par la lanterne, quand la porte est fermée. On entre dans chaque abside par une grande ouverture à ogive, située entre deux colonnes engagées dans le mur et revêtues d'anciennes peintures rougeâtres presque effacées.

Cette tour servait, d'après la tradition, de repaire à un redoutable brigand, qui, chaque soir, allumait au sommet un fanal dont la lumière attirait les voyageurs égarés.

Il suffit d'examiner ce monument, pour se convaincre qu'il n'a jamais eu une pareille destination : sa construction paraît remonter au xii° siècle et tout porte à croire

qu'il a été bâti en même temps que le chœur de la grande
église.

On a, depuis, supposé que c'était une chapelle sépulcrale et l'on a basé cette opinion sur sa ressemblance
avec la chapelle Sainte-Catherine, qui se trouve au milieu
de l'ancien cimetière de la paroisse et dont l'usage ne
saurait être l'objet d'aucun doute (1).

Quelques savants assignent à la tour d'Evrault un rôle
beaucoup moins poétique, mais, à leur avis, plus con-
forme aux usages du moyen âge. Selon eux, ce serait,
tout simplement, l'ancienne cuisine (2) de l'abbaye. Malheureusement, on n'avance aucune preuve authentique
et l'on se base sur des analogies contestables. Il n'y a
donc à cet égard aucune certitude ; il serait cependant
facile de vérifier l'exactitude de l'une ou de l'autre de
ces opinions si contraires, en faisant pratiquer des fouilles,
ou exécuter une coupe dans les murs. Si la tour d'Evrault
était autrefois une cuisine, la fumée et les huiles empy-
reumatiques ont dû imprégner profondément la pierre
poreuse et tendre dont elle est bâtie.

La Tour d'Evrault est aujourd'hui classée parmi les
monuments historiques.

---

(1) Charle de Berthe, dixième Abbesse, confirmant le don d'Ala, duchesse de Bourbon, religieuse de Fontevrault et fondatrice de la chapelle
Sainte-Catherine. — (*Gallia Christiana, Ecclesia Pictavensis*).

(2) Viollet-le-Duc, *Dictionnaire d'architecture*, t. IV.

Les autres édifices de Fontevrault, à l'exception de l'église Saint-Michel, sécularisée par le pape Léon X et devenue église paroissiale, ont subi tant de modifications, qu'ils offrent peu d'intérêt.

Quant aux couvents de la Magdelaine et de l'Habit, il n'en reste plus que quelques vestiges insignifiants.

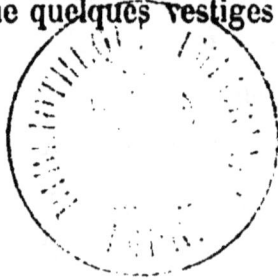

FIN.

# TABLE DES MATIÈRES